重庆市地方标准

公路瓦斯隧道施工技术规范

DB 50/T 962—2019

人民交通出版社股份有限公司

北京

图书在版编目(CIP)数据

公路瓦斯隧道施工技术规范/重庆市交通委员会工程质量安全监督局组织编写. —北京:人民交通出版社股份有限公司,2020.4

ISBN 978-7-114-16454-5

Ⅰ.①公… Ⅱ.①重… Ⅲ.①公路隧道—瓦斯隧道—隧道施工—技术规范 Ⅳ.①U459.2-65

中国版本图书馆 CIP 数据核字(2020)第 052514 号

Gonglu Wasi Suidao Shigong Jishu Guifan

书　　名:**公路瓦斯隧道施工技术规范**
著 作 者:重庆市交通委员会工程质量安全监督局
责任编辑:刘彩云
责任校对:孙国靖　魏佳宁
责任印制:刘高彤
出版发行:人民交通出版社股份有限公司
地　　址:(100011)北京市朝阳区安定门外外馆斜街 3 号
网　　址:http://www.ccpcl.com.cn
销售电话:(010)59757973
总 经 销:人民交通出版社股份有限公司发行部
经　　销:各地新华书店
印　　刷:北京印匠彩色印刷有限公司
开　　本:880×1230　1/16
印　　张:5.5
字　　数:169 千
版　　次:2020 年 4 月　第 1 版
印　　次:2020 年 4 月　第 1 次印刷
书　　号:ISBN 978-7-114-16454-5
定　　价:68.00 元

重庆市市场监督管理局

渝市监公告〔2019〕40号

重庆市市场监督管理局
重庆市地方标准批准发布公告

第五十四号

根据《中华人民共和国标准化法》《重庆市地方标准管理办法》的有关规定，重庆市市场监督管理局批准DB50/T 950—2019《荣昌卤鹅加工技术规范》等21项地方标准，现予以公布。

附件：重庆市地方标准批准发布目录

重庆市市场监督管理局
2019年12月24日

附件

重庆市地方标准批准发布目录

序号	地方标准编号	地方标准名称	代替标准编号	发布日期	实施日期
1	DB50/T 950—2019	荣昌卤鹅加工技术规范		2019-12-02	2020-03-01
2	DB50/T 951—2019	绿色食品　大豆栽培技术规程		2019-12-02	2020-03-01
3	DB50/T 952—2019	动物组织中赭曲霉毒素A的测定　高效液相色谱法和液相色谱串联质谱法		2019-12-15	2020-03-15
4	DB50/T 953—2019	饲料中大肠杆菌0157的快速检测　环介导等温扩增(LAMP)法		2019-12-15	2020-03-15
5	DB50/T 954—2019	福利机构青少年职业引导社会工作服务指南		2019-12-15	2020-03-15
6	DB50/T 955—2019	社区社会工作室基本规范		2019-12-15	2020-03-15
7	DB50/T 956.1—2019	预警信息发布平台管理规范　第1部分:业务职能和岗位设置		2019-12-15	2020-03-15
8	DB50/T 956.2—2019	预警信息发布平台管理规范　第2部分:信息发布规范		2019-12-15	2020-03-15
9	DB50/T 957.1—2019	“渝快办”工作规范　第1部分:总则		2019-12-15	2020-03-15
10	DB50/T 957.2—2019	“渝快办”工作规范　第2部分:政务服务实体大厅(窗口)建设与服务		2019-12-15	2020-03-15
11	DB50/T 957.3—2019	“渝快办”工作规范　第3部分:网上政务服务平台建设与管理		2019-12-15	2020-03-15
12	DB50/T 957.4—2019	“渝快办”工作规范　第4部分:政务服务工作规范		2019-12-15	2020-03-15
13	DB50/T 957.5—2019	“渝快办”工作规范　第5部分:政务公平工作规范		2019-12-15	2020-03-15
14	DB50/T 957.6—2019	“渝快办”工作规范　第6部分:问政咨询工作规范		2019-12-15	2020-03-15
15	DB50/T 957.7—2019	“渝快办”工作规范　第7部分:效能监管工作规范		2019-12-15	2020-03-15
16	DB50/T 867.11—2019	安全生产技术规范　第11部分:殡葬服务机构		2019-12-30	2020-04-01
17	DB50/T 958—2019	重大建设项目气候可行性论证技术规范		2019-12-30	2020-04-01
18	DB50/T 959—2019	营运高速公路施工管理规范		2019-12-30	2020-04-01
19	DB50/T 960—2019	双壁钢围堰设计及施工技术规范		2019-12-30	2020-04-01
20	DB50/T 961—2019	页岩含气量测试技术规范		2019-12-30	2020-04-01
21	DB50/T 962—2019	公路瓦斯隧道施工技术规范		2019-12-30	2020-04-01

重庆市市场监督管理局办公室　　2019年12月24日印发

目　次

前　　言

本规范按照 GB/T 1.1—2009 给出的规则起草。

本规范由重庆市交通委员会工程质量安全监督局提出。

本规范由重庆市交通局归口。

本规范起草单位:重庆市交通委员会工程质量安全监督局、重庆高速公路集团有限公司、中电建路桥集团有限公司、中国水利水电第七工程局有限公司、重庆交通规划勘察设计院、重庆大学、煤矿灾害动力学与控制国家重点实验室、中煤科工集团重庆研究院有限公司。

本规范主要起草人:沈小俊、孙立东、吴志辉、陈钒、余世刚、袁坤、杨松、张明强、罗立翔、李建军、郭成川、李联成、郑志高、廉虎山、高建、周翔、王学军、吴军、洪泽兵、李铁军、冯康武、庞佳、王进进、张鹏、刘杰、李好、李冬冬、刘戎、高鹏杰。

公路瓦斯隧道施工技术规范

1 范围

本规范规定了公路瓦斯隧道施工的总则、一般规定、瓦斯工区等级评定、施工通风、超前地质预报、电气设备与作业机械、瓦斯检测与监控、钻爆作业与支护、揭煤防突、施工安全及应急救援、质量检验与验收等要求。

本规范适用于重庆市新建、改建以钻爆法开挖为主的公路瓦斯隧道施工管理、安全监管、质量检验和工程验收。

2 规范性引用文件

下列文件对于本文件的应用是必不可少的。凡是注日期的引用文件,仅注日期的版本适用于本文件。凡是不注日期的引用文件,其最新版本(包括所有的修改单)适用于本文件。

GB 6722 爆破安全规程

JTG F80/1 公路工程质量检验评定标准 第一册 土建工程

JTG F60 公路隧道施工技术规范

JTG F90 公路工程施工安全技术规范

TB 10120 铁路瓦斯隧道技术规范

《煤矿安全规程》国家安全监管总局签署第 87 号总局令(2016 年版)

《防治煤与瓦斯突出规定》国家安全监管总局签署第 19 号总局令(2009 年版)

3 术语和定义

下列术语和定义适用于本文件。

3.1

瓦斯 gas

从煤(岩)层中逸出的各种有害气体的总称,其主要成分为甲烷(CH_4)。

3.2

瓦斯地层 gas formation

含有瓦斯的地层。瓦斯地层可分为煤系瓦斯地层和非煤系瓦斯地层,非煤系地层中的瓦斯包括天然气(油田气、气田气、泥火山气、生物生成气等)和临近煤系地层渗透至非煤系地层的瓦斯。

3.3

瓦斯工区 work area with gas

隧道穿越含瓦斯地层或施工区段内通过检测存在瓦斯时,洞口至掌子面为瓦斯工区,反之为非瓦斯工区。

3.4

瓦斯隧道　tunnel with gas

在勘察或施工中,只要发现隧道任一处存在瓦斯,该隧道为瓦斯隧道。

3.5

绝对瓦斯涌出量　absolute gas emission quantity

单位时间涌出的瓦斯量称为绝对瓦斯涌出量,以 m^3/min 计。

3.6

相对瓦斯涌出量　relative gas emission quantity

隧道正常掘进条件下,在煤系范围(煤层顶板至底板范围),每开挖一吨煤(岩)所涌出的瓦斯量,称为相对瓦斯涌出量,以 m^3/t 计。

3.7

煤(岩)与瓦斯突出　coal(rock)and gas outburst

在地应力和瓦斯的共同作用下,破碎的煤、岩和瓦斯由煤体或岩体内突然向采掘空间抛出的异常动力现象,称为煤(岩)与瓦斯突出,简称"突出"。

3.8

吨煤(岩)瓦斯含量　gas content of each ton of coal

煤(岩)层在自然条件下,每吨煤(岩)所含有的瓦斯体积(标准状态),是游离瓦斯量与吸附瓦斯量之总和,单位:m^3/t。

3.9

瓦斯浓度　gas concentration

空气中瓦斯量与空气体积之比,以百分数表示。

3.10

瓦斯压力　gas pressure

在煤(岩)层孔隙、裂隙中的瓦斯作用于孔隙壁的应力。一般指的是绝对瓦斯压力。

3.11

瓦斯放散初速度　initial velocity of diffusion of coal gas

3.5g 规定粒度的煤样在 0.1MPa 压力下吸附瓦斯后向固定真空空间释放时,用压差 Δp(mmHg)表示的 10~60s 时间内释放出的瓦斯量指标。

3.12

突出预测预报　outburst forecast

利用煤层的煤结构,煤的物理力学性质、瓦斯、地应力等的某些特征参数及其变化或利用工作面的某些瓦斯地质特征、突出前的预兆,预测开挖工作面突出的危险性的工作。

3.13

突出预测敏感指标 outburst forecast sensitive index

预测煤(岩)与瓦斯突出具有敏感性的指标。

3.14

突出预测临界值 outburst forecast critical value

预测煤(岩)与瓦斯突出发生的临界指标值。

3.15

局部瓦斯积聚 local gas accumulation

隧道内任一体积大于 0.5m^3 的空间内积聚的瓦斯浓度达到 2.0% 的现象。

3.16

瓦斯排放 gas emission

对于隧道内的积聚瓦斯实施的安全排除措施,或指通过在未开挖的煤(岩)体内施工钻孔排出瓦斯、减小瓦斯压力的措施。

3.17

瓦斯抽放 gas drainage

采用专用设备和管路把煤层、岩层或采空区瓦斯抽出的措施。

3.18

综合防突措施 synthesized coal and gas outburst prevention measure

在煤(岩)与瓦斯突出煤岩体中进行采掘作业前和采掘过程中实施的突出预测、防突措施、措施效果检验和安全保护措施的"四位一体"的防突措施。

3.19

钻屑量法(钻屑法) drill cuttings quantity method

用每单位钻孔体积排出的钻屑量来评估煤(岩)与瓦斯突出的危险程度的方法。

3.20

防突效果检验 verifying outburst prevention effect

用突出预测的方法对防突措施进行效果检验的技术措施。

3.21

安全防护措施 safe preventive measure

经防突效果检验无突出危险的区域和地点进行开挖作业时采用的保障人身安全的技术措施。

3.22

超前探孔 probing drift

为探明开挖工作面前方煤层位置及赋存条件和瓦斯情况的钻孔,简称探孔。

3.23

预测孔 forecasting hole

用以预测煤层各项突出危险性指标的钻孔。

3.24

检验孔 detection hole

用以检验防突措施是否有效的钻孔。

3.25

煤矿许用炸药 explosive permitted for coal mining

允许用于有瓦斯和煤尘爆炸危险的地下工程爆破的专用炸药。

3.26

气密性 air tightness

在一定的压力和时间条件下气透过混凝土的程度,以透气系数衡量。

3.27

透气系数 air permeability

在规定压力下,单位时间、单位面积内混凝土的透气量。

3.28

气密性混凝土 air-tight concrete

透气系数不大于 1×10^{-11}cm/s 的混凝土。

3.29

超前地质预报 geological prediction

通过掌子面的超前钻探、超前导坑或各种类型的地球物理探测等手段来查明隧道岩体的状态、特征以及可能发生地质灾害的不良地质体的位置、规模和性质,预测前方未施工段地质情况的方法。

3.30

监控量测 monitoring measurement

在隧道施工和运营阶段,通过使用各种量测仪器和工具,对围岩变化情况及支护结构的工作状态进行监测,及时提供围岩稳定程度和支护结构可靠性信息的工作。

3.31

接地 ground connection

设备的一部分为形成导电通路与大地的连接。

3.32

接地线 ground line

连接设备金属结构和接地体的金属导体(包括连接螺栓)。

3.33

接地装置　grounding device

接地体和接地线的总和。

3.34

接地电阻　ground resistance

接地装置的对地电阻。它是接地线电阻、接地体电阻、接地体与土壤之间的接触电阻和土壤中的散流电阻之和。接地电阻可以通过计算或测量得到它的近似值，其值等于接地装置对地电压与通过接地装置流入地中电流之比。

4　总则

4.1　瓦斯隧道建设应符合安全、先进、经济、环保的要求。

4.2　在勘察与施工过程中，通过地质勘探或施工检测表明隧道内存在瓦斯，则该隧道应定为瓦斯隧道，该施工区域应定为瓦斯工区。

4.3　瓦斯隧道施工期间，当发现有关煤(岩)与瓦斯的地质情况与原设计不符时，应根据实际揭示的地质资料，及时修正设计。

4.4　瓦斯隧道施工必须强化专项管理制度建设与全过程制度管理，从制度层面落实针对性管控措施，预防煤与瓦斯突出，防止发生瓦斯、煤尘燃爆等事故。

4.5　瓦斯隧道施工应根据所采取的安全技术措施，编制瓦斯灾害防治预算。

4.6　瓦斯隧道的施工管理、安全监管、质量检验和工程验收，除应符合本规范外，尚应符合国家现行的有关标准的规定。

5　一般规定

5.1　瓦斯隧道施工前应开展施工安全风险评估，辨识施工过程中的主要危险源及危害因素，制定安全防护措施，并应根据工程建设条件、技术复杂程度、地质与环境条件、施工管理模式以及工程建设经验，对隧道工程实施动态风险控制和跟踪处理。

5.2　瓦斯隧道施工应编制隧道施工组织设计和施工安全专项方案。其中，高瓦斯及煤(岩)与瓦斯突出隧道还应专门编制临时用电方案、超前地质预报方案、通风方案、瓦斯监测方案等，并组织专家论证、审查；瓦斯隧道施工期间应校核评定瓦斯地层和瓦斯工区类别，并确认或调整设计及施工组织。

5.3　瓦斯隧道施工应根据设计要求编制施工方案，并在超前地质预报、超前煤与瓦斯探测、煤与瓦斯突出预测或鉴定成果的指导下进行。当地质条件发生变化时，应及时进行调整。

5.4　瓦斯隧道施工期间，应委托具有相关资质的机构进一步评定瓦斯工区等级，并编制瓦斯工区评定文件，当瓦斯工区等级发生变化或与勘察设计不符时，动态调整设计及施工方案。

5.5　瓦斯隧道施工过程中应采用地质调查法、物探法、钻探法等综合地质预报方法对隧道地质构造、煤岩体和采空区进行超前地质预测预报。

5.6　瓦斯隧道应建立健全人工检测、自动监测等瓦斯及其他有毒有害气体浓度检查制度，并全程检测瓦斯浓度。瓦斯工区应连续通风。

5.7　瓦斯隧道施工超前地质预报、瓦斯监测、施工通风以及围岩监控量测应作为必要工序统一纳入施工组织管理。

5.8 瓦斯隧道内严禁存放汽油、柴油、煤油、变压器油、雷管、炸药等易燃易爆物品。

5.9 施工单位应当落实应急管理主体责任，建立健全事故预警、应急值守、信息报告、现场处置、应急投入、救援装备和物资储备、安全避险设施管理和使用等规章制度，主要负责人是应急管理和事故救援工作的第一责任人。

5.10 施工单位必须编制应急救援预案并组织评审，由本单位主要负责人批准后实施；应急救援预案应当与所在地人民政府组织制订的生产安全事故应急救援预案相衔接。应急救援预案的主要内容发生变化，或者在事故处置和应急演练中发现存在重大问题，以及隧道区域地质发生重大改变时，应及时修订完善。

5.11 瓦斯隧道施工现场应设立专门的通风瓦检、机电防爆测试、安全消防救援等机构，并定期维护和检查所用设备。

5.12 瓦斯隧道施工必须制定停工期间的安全技术措施，保证隧道供电、通风、排水和瓦斯监测系统正常运行，实行 24h 值班制度，复工前必须进行全面安全检查。

6 瓦斯工区等级评定

6.1 施工阶段应依据勘察设计文件，探测或揭露的煤层赋存特征，实测的瓦斯地质参数、瓦斯涌出量以及工作面实际发生的煤(岩)与瓦斯动力现象等指标，分段分煤层进一步评定瓦斯工区等级，并据此调整施工组织设计。

6.2 瓦斯隧道分为微瓦斯、低瓦斯、高瓦斯及煤(岩)与瓦斯突出四类，瓦斯隧道与瓦斯工区类别按瓦斯地层的最高类别确定。

6.3 瓦斯地层或瓦斯工区类别判定指标为隧道内绝对瓦斯涌出量，并应符合表 1 的规定。

表 1 瓦斯地层或瓦斯工区绝对瓦斯涌出量判定标准

瓦斯地层或瓦斯工区类别	绝对瓦斯涌出量 Q_{CH_4} (m^3/min)
微瓦斯	$Q_{CH_4} < 0.5$
低瓦斯	$0.5 \leq Q_{CH_4} < 1.5$
高瓦斯	$Q_{CH_4} \geq 1.5$

6.4 在瓦斯隧道掘进过程中，隧道施工区段内检测有瓦斯时，则洞口至开挖掌子面的施工区段为瓦斯工区；当施工区段内经检测并评定无瓦斯时，则洞口至开挖掌子面的施工区段为非瓦斯工区。瓦斯工区动态管理示意图如图 1 所示。

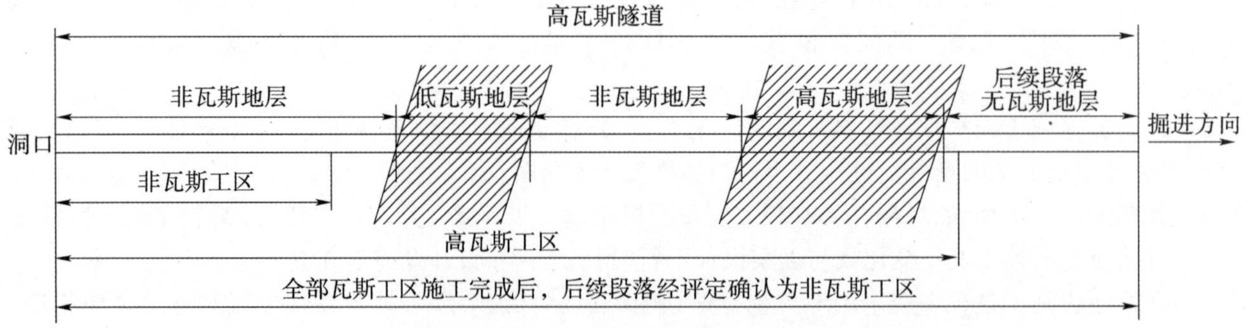

图 1 瓦斯工区动态管理示意图

6.5 瓦斯隧道有下列情况之一的，勘察阶段应进行煤(岩)与瓦斯突出评估，施工阶段应进行煤(岩)与瓦斯突出复核或鉴定：

a) 煤(岩)层有瓦斯动力现象的；

b) 隧道穿越相邻矿井开采的同一煤(岩)层发生突出事故或被鉴定、认定为突出煤层的;

c) 煤(岩)层瓦斯压力达到或超过0.74MPa的。

6.6 突出煤(岩)层鉴定应首先根据实际发生的瓦斯动力现象进行。当动力现象特征不明显或者没有动力现象时,应根据实际测定的煤层最大瓦斯压力 p(测定方法见附录A)、软分层煤的破坏类型(见附录B)、煤的瓦斯放散初速度 Δp(测定方法见附录C)和煤的坚固性系数 f(测定方法见附录D)等指标进行鉴定。全部指标均达到或超过表2所列临界值的,确定为突出煤(岩)层。

表2 突出煤(岩)层鉴定的单项指标临界值

判定指标	煤的破坏类型	瓦斯放散初速度 Δp(mmHg)	煤的坚固性系数 f	煤层最大瓦斯压力 p(MPa)
有突出危险的临界值及范围	Ⅲ、Ⅳ、Ⅴ	≥10	≤0.5	≥0.74

6.7 瓦斯工区内只要有一处含瓦斯地层有突出危险,则该工区即为瓦斯突出工区。施工阶段瓦斯突出工区的判定宜首先以超前探孔实际发生的顶钻、喷孔等明显动力现象特征为依据,当瓦斯动力特征不明显时,应按6.6条规定进行煤(岩)与瓦斯突出危险性预测。

7 施工通风

7.1 一般规定

7.1.1 瓦斯隧道施工前应编制全隧各阶段施工通风方案,建立施工通风监控制度和组织系统,并设置专职通风管理员,测定气象参数、瓦斯浓度、风速、风量等参数。

7.1.2 瓦斯工区必须制定并执行瓦斯巡回检测制度、请示报告制度和交接班制度,瓦检员应填写瓦斯检测班报。每次检查结果必须记入瓦斯检测班报手册和检测地点的记录牌上,并通知现场工作人员。

7.1.3 瓦斯工区施工过程中应按附录E实测瓦斯浓度和通风量,计算绝对瓦斯涌出量,校正瓦斯工区类别。

7.1.4 瓦斯隧道施工应编制全隧道和各工区的施工通风设计文件,并考虑各工区贯通后的风流调整和防爆要求。

7.1.5 施工单位应做好瓦斯工区日常通风检查,每班应不少于一次,每班自查内容应包括:

a) 通风管理人员上岗资格、到岗及交接班情况;

b) 是否使用经检验合格的通风安全检测仪表;

c) 风机是否正常运行,是否存在无计划停电、停风问题;

d) 风机运行记录、测风记录、系统维护记录、自动监控记录等是否保持连续性、完整性,分类建档,专人负责;

e) 风速、风量是否满足工区各作业点稀释瓦斯的规定要求,是否及时更新测风记录牌信息;

f) 瓦斯易积聚处采取的防止瓦斯积聚措施是否有效;

g) 风管是否平顺通畅,转弯处是否安设刚性弯头且弯度平缓,风管内是否有积水,风管口到工作面距离是否满足要求,风管是否存在破损漏风问题等。

7.1.6 瓦斯工区必须建立测风制度,并遵守以下规定:

a) 每7d进行一次全面测风,内容包括通风的风速、风量、风管漏风率等;

b) 全面测风由通风管理员和瓦检员相互合作,共同完成;

c) 通风方式改变或压入式风管延长100m后,应及时组织一次全面测风;

d) 对开挖工作面等用风地点,应根据需要随时测风;

e) 根据测风结果核定每个工作面的通风能力,及时进行风量调节;

f) 每次测风结果应记录并写在测风地点的记录牌上;

g) 重点部位进行连续监测并随时抽查检测。

7.1.7 监理单位应建立瓦斯隧道通风监督管理制度,设置通风监理工程师和监理员,对通风系统运行状况进行监督和检查,每7d组织一次全面测风平行检验。

7.2 通风系统

7.2.1 瓦斯隧道进洞后应进行机械通风。

7.2.2 微瓦斯工区和低瓦斯工区可采用压入式通风,高瓦斯工区和煤(岩)与瓦斯突出工区通风长度大于1500m时宜采用巷道式通风。

7.2.3 瓦斯工区两个开挖工作面之间应采用独立通风,任何两个工作面之间不得串联通风。

7.2.4 瓦斯工区施工通风需风量应按照爆破排烟、工作的最多人数、作业机械、最小风速及稀释瓦斯涌出量分别计算,取其中的最大值。

7.2.5 按绝对瓦斯涌出量计算需风量,风量应能将洞内各处瓦斯浓度稀释到0.5%以下。

7.2.6 隧道施工通风应能提供洞内各项作业所需要的最小风量,风速不得大于6m/s;每人供应新鲜空气不得少于4m^3/min,内燃机械作业供风量不宜少于4.5m^3/(min·kW);全断面开挖时风速不得小于0.15m/s,导洞内不得小于0.25m/s。

7.2.7 微瓦斯工区和低瓦斯工区隧道洞内通风风速应不小于0.25m/s,高瓦斯工区和煤(岩)与瓦斯突出工区隧道洞内通风风速应不小于0.5m/s。

7.2.8 瓦斯隧道施工中,对瓦斯易于积聚的空间和衬砌模板台车附近区域,可采用空气引射器、气动风机等设备,实施局部通风的方法,消除瓦斯积聚。对瓦斯易于积聚处应实施局部通风,风速不应小于1.0m/s。

7.2.9 瓦斯隧道在施工期间,应实施连续通风。因检修、停电等原因停风时,必须撤出人员,切断电源。恢复通风前,必须检查瓦斯浓度。当停风区中瓦斯浓度不超过1%,并在压入式局部通风机及其开关地点附近10m以内风流中的瓦斯浓度均不超过0.5%时,方可人工开动局部通风机。当停风区中瓦斯浓度超过1%时,必须制定排除瓦斯的安全措施,回风系统内还必须停电撤人。只有经检查证实停风区中瓦斯浓度不超过1%时,方可人工恢复局部通风机供风坑道中一切电气设备的供电。

7.2.10 瓦斯隧道相向掘进工作面在相距50m时,必须停止并封闭其中一个掘进工作面,做好风流调整的准备工作;当两个掘进工作面的瓦斯工区类别不同时,贯通前应编制通风调整专项方案,贯通后应调整通风系统,严禁风流从较高类别的瓦斯工区流向较低类别的瓦斯工区,并检测瓦斯浓度,待风流稳定且瓦斯浓度低于0.5%后方可恢复施工。

7.2.11 高瓦斯工区和煤(岩)与瓦斯突出工区放炮后通风时间应不少于30min,微瓦斯工区和低瓦斯工区放炮后通风时间应不少于15min,然后由瓦检员、放炮员、安全员进洞巡视爆破地点,无危险情况时才可进场作业。当按规定时间不能将开挖作业面瓦斯浓度稀释到规定值以下时,应提高风速、增大风量、延长通风时间或采取钻孔抽放(预排放)瓦斯措施。

7.2.12 采用巷道式通风方案时,除用作通风联络通道的横通道外,其他横通道应及时封闭。运输用的横通道应设两道双向风门,防止风流短路。

7.2.13 瓦斯隧道内所有风机进风口空气中甲烷浓度不得达到或超过0.5%。

7.3 通风设备

7.3.1 隧道通风设备的布置及安装应满足以下规定:

a) 压入式通风的主风机必须设置在洞外新鲜风流中,宜在洞口里程30m以外。巷道式通风的洞内送风轴流风机应布设在进风巷道的新鲜风流中,风机距回风排污口的距离应大于2倍洞径。

b） 必须有一套同等性能的备用通风机，并保持良好的使用状态，备用通风机应能在15min内启动。

c） 通风机应设两路电源，并设置风电闭锁装置，当一路电源停止供电时，另一路应在10min内接通。

d） 低瓦斯工区、高瓦斯工区及煤（岩）与瓦斯突出工区内使用的局部通风机、射流风机均应采用防爆型，应采用“三专”供电和实行“两闭锁”。

e） 瓦斯工区应采用抗静电、阻燃的风管，风管直径不宜小于1.2m，且应在隧道断面净空允许的前提下优先采用大直径风管。风管出风口到开挖工作面的距离应小于10m，风管安装必须平顺，接头严密，百米漏风率小于1%。

7.3.2 通风机由专人进行管理，每7d至少进行一次风电闭锁试验，试验记录存档备查。

7.3.3 隧道必须有足够数量的通风安全检测仪表。仪表必须由具备相应资质的检验单位进行检验。

7.3.4 通风设备设施管理应符合以下要求：

a） 必须按照施工通风设计要求安装主要通风机，主要通风机的运转应由专人负责；

b） 当正在工作的通风机需要停运时，必须先启动备用通风机，严禁出现先停后启动或工作通风机及备用通风机均停止运行的情况；

c） 瓦斯隧道内均应设置测风牌板；

d） 通风管理人员必须每班检查局部通风机和风电闭锁装置的完好性，发现问题应及时处理；

e） 通风设施必须配备专人进行维护和保养，施工期间应保持正常运行。

8 超前地质预报

8.1 一般规定

8.1.1 瓦斯隧道应开展超前地质预报工作。未按要求实施超前地质预测、预报工作的，掌子面不得向前掘进施工。

8.1.2 瓦斯隧道超前地质预报应根据瓦斯地层类别选择合适的预测预报方法，主要方法包括地质素描、物探、超前钻探、超前导坑和试验检测等。

8.1.3 超前地质预报应包括下列主要内容：

a） 地层岩性预测预报，特别是对软弱夹层、破碎地层、煤层及特殊岩土的预测预报；

b） 地质构造预测预报，特别是对断层、节理密集带、褶皱轴等影响岩体完整性的构造发育情况的预测预报；

c） 不良地质预测预报，特别是对岩溶、人为坑洞、瓦斯等发育情况的预测预报；

d） 地下水预测预报，特别是对岩溶管道水及富水断层、富水褶皱轴、富水地层中的裂隙水等发育情况的预测预报；

e） 煤层瓦斯预测预报，应进一步校核穿越瓦斯地层、采空区位置以及瓦斯工区类别。

8.1.4 瓦斯隧道工程参建各方超前地质预报工作应符合下列规定：

a） 建设单位应负责瓦斯隧道超前地质预报实施方案的审批，并对地质预报工作的实施情况进行监督和检查。

b） 施工单位应在开工前编制超前地质预报实施大纲，并纳入实施性施工组织设计，按程序审查和批准后负责组织实施；应及时将超前地质预报成果报监理单位、勘察设计、建设单位，并对超前地质预报成果及数据的真实性负责。

c） 监理单位应对瓦斯隧道超前地质预报实施过程进行监督，负责监督检查施工单位现场专业技术人员（地质、物探）数量及能力、设备类型及数量、超前地质预报的实施和数据采集以及相关协调工作等。

8.1.5 瓦斯隧道超前地质预报实施单位应具有复杂地质条件瓦斯隧道超前地质预测预报的工作能力

及业绩。超前地质预报实施单位应根据预报方案和合同规定配备专业人员和仪器设备,并应落实预报工作期间的安全防护措施。仪器设备的性能、精度及效率应能满足预报和工期的要求。

8.1.6 瓦斯隧道超前地质预报可采用地质调查法与勘探相结合、物探与钻探相结合、长距离与短距离相结合、地面与地下相结合、超前导坑与主洞相结合的方法,并对各种方法预报结果综合分析,相互验证,提高预报的准确性。

8.1.7 超前地质预报应进行实际揭露地质情况、超前预报地质情况、设计文件地质情况三者之间的对比分析,提高瓦斯隧道超前地质预报质量。

8.1.8 穿越瓦斯地层段超前地质钻孔宜进行单工序作业。

8.2 地质素描和物探

8.2.1 微瓦斯地层和低瓦斯地层地质素描断面间距不宜大于5m,高瓦斯地层、煤(岩)与瓦斯突出地层以及特殊地层(含石油天然气、页岩气)每个开挖循环均应作地质素描。

8.2.2 距勘察设计成果确定的煤层、采空区30m时应采用两种及以上物探方法探测煤层、采空区的具体位置以及与隧道的空间关系。

8.3 超前钻探和试验检测

8.3.1 穿越瓦斯地层段施工前,应实施超前地质钻孔探测,具体掌握煤层、采空区、断层、岩溶发育区、特殊地层(含石油天然气、页岩气)等规模形态以及与隧道的空间关系。

8.3.2 高瓦斯地层和煤(岩)与瓦斯突出地层必须采用超前钻孔进行探测,超前钻孔数量不少于3个;低瓦斯地层和微瓦斯地层可采用超前钻孔进行探测,超前钻孔可布置1~3个。

8.3.3 超前钻探应在距煤层垂距20m的位置进行初探,钻孔数量不少于3个。在距煤层垂距10m的位置再次探测,钻孔数量不少于3个,并进行地质编录及钻孔内瓦斯浓度和瓦斯压力的检测。

8.3.4 超前钻孔应符合下列规定:

a) 钻机应采用Ⅰ类防爆型钻机,湿式钻孔,严禁干钻。施工过程中,专职瓦检员必须随时检查孔内瓦斯情况,发现异常及时记录、汇报、处理;
b) 钻孔作业时,应对工作区域进行实时瓦斯监测,瓦斯浓度应小于0.5%;
c) 钻孔直径不宜小于65mm,钻孔深度不宜小于50m,前后两循环钻孔搭接长度不小于5m;
d) 钻孔过程中应观察记录孔口排出的浆液、煤屑变化情况以及喷孔和顶钻等信息;
e) 每个超前钻孔结束后均应及时整理钻孔原始记录表和成果图。

8.3.5 超前钻孔过程中出现顶钻、喷孔等瓦斯动力现象时,应按揭煤防突的要求进行超前探测和试验检测。

8.3.6 瓦斯隧道掘进过程中,每循环在隧道拱部打5个、底部打3个加深炮孔并检测瓦斯浓度,使工作面始终保持距不良地质段2m以上的安全距离。当钻孔出现不良地质征兆时,及时采取应对措施。

8.3.7 瓦斯地层段超前预测预报过程中必须有一名专职瓦检员全过程跟班作业,并做好瓦斯监测记录。钻孔过程中应加强工作面及回风流中瓦斯浓度检测,当工作面瓦斯浓度达到0.5%时,应立即撤出人员,切断电源,加强通风。

9 电气设备与作业机械

9.1 一般规定

9.1.1 全部瓦斯地层衬砌结构施工完毕且经测定后续施工段落均为非瓦斯工区,施工的电气设备与作业机械设备可按非瓦斯工区配置。

9.1.2 瓦斯工区使用的防爆电气设备和作业机械,在使用期间,除日常检查外,尚应随时由专人检查维修,不得失爆。

9.1.3 瓦斯工区内不得进行作业机械和机电设备拆卸、修理。如遇特殊情况,应编制专项安全技术措施,按规定审批后执行。

9.1.4 作业机械进入瓦斯工区安装或使用前,监理单位应检查其产品合格证、煤矿矿用产品安全标志或改装合格证明,确认证件齐全后方可允许进洞使用。监理单位应定期检查电气设备的安全性能。

9.2 电气设备

9.2.1 不同类别瓦斯工区隧道内电气设备应按表3选用。

表3 隧道内电气设备选型

设备类别	煤(岩)与瓦斯突出工区/高瓦斯工区	低瓦斯工区	微瓦斯工区
高低压电机和电气设备	矿用防爆型	矿用一般型	普通型
照明灯具	矿用防爆型	矿用一般型	普通型
通信、自动控制的仪器、仪表	矿用防爆型	矿用一般型	普通型
电缆、电缆连接及敷设等	防爆型	防爆型	普通型

9.2.2 瓦斯工区内各级配电电压和各种机电设备额定电压等级应符合下列规定:

a) 高压不大于10000V,低压不大于1140V;

b) 照明、信号、电话和手持式电气设备的供电额定电压,微瓦斯工区和低瓦斯工区不应大于220V,高瓦斯工区和煤(岩)与瓦斯突出工区不超过127V;

c) 远距离控制线路的额定电压不超过36V;

d) 用电设备电压超过3300V时,必须制定专门的安全措施。

9.2.3 瓦斯隧道供电应符合下列规定:

a) 瓦斯隧道供电应配置两路电源,且任一路电源线上均不得分接隧道以外的任何负荷。应至少配备满足一级负荷供电的可靠备用电源,并在公用电网断电10min内启动,保证隧道通风、排水、照明和自动监控系统等一级负荷供电。隧道洞内电源线路上严禁装设负荷定量器等各种限电断电装置。

b) 严禁瓦斯工区内的配电变压器中性点直接接地。严禁由洞外中性点直接接地的变压器或发电机直接向瓦斯工区内供电。

c) 隧道内严禁使用油浸式高低压电气设备(油断路器、带油的启动器和一次线圈为低压的油浸变压器)。

d) 电气设备均不应大于额定值运行。隧道内高压电网单相接地电容电流不超过20A。

e) 向隧道内供电的高、低压馈电线上严禁装设自动重合闸装置。手动合闸时,应与工区内联系确认后方可人工合闸供电。

f) 隧道内使用的局部通风机和开挖工作面附近使用的电气设备,必须装设风电闭锁装置。当局部通风机停止运转时,应立即自动切断局部通风机供风区段的一切电源。

g) 容易碰到的、裸露的电气设备及机械外露的转动和传动部分,必须加装护罩或遮栏等防护设施。

9.2.4 洞内变电站设置应符合下列规定:

a) 洞内设置变电站时,应制定专门的安全措施。

b） 洞内变电站应设置在干燥的紧急停车带或不使用的横通道内，变压器与周围器物或洞壁的最小距离不得小于80cm，同时应按规定设置灯光、轮廓标等安全防护设施。

c） 洞内高压变电站应采用井下高压配电装置或相同电压等级的防爆开关柜，应有防尘措施。

9.2.5 电缆的选用应符合下列规定：

a） 应根据作业环境条件严格选用；

b） 电缆应采用铜芯电缆，严禁采用铝芯电缆；

c） 应带有保护接地专用的足够截面的导体；

d） 主线芯的截面应满足供电线路负荷及末端电压降不大于 -10% 的要求；

e） 选用取得矿用产品安全标志的阻燃电缆。

9.2.6 高压电缆的选用应符合下列规定：

a） 对固定敷设的高压电缆：

1） 在隧道、平行导坑或倾角45°以下的斜井内，采用煤矿用钢带或细钢丝铠装电力电缆；

2） 在竖井或倾角45°及其以上斜井内，采用煤矿用粗钢丝铠装电力电缆。

b） 非固定敷设的高压电缆，采用煤矿用橡套软电缆。

9.2.7 低压动力电缆的选用应符合下列规定：

a） 固定敷设的低压电缆，采用煤矿用铠装或者非铠装电力电缆或者对应电压等级的煤矿用橡套软电缆；

b） 非固定敷设的低压电缆，采用煤矿用橡套软电缆；

c） 移动式和手持式电气设备应使用专用橡套电缆。

9.2.8 电缆的固定敷设应符合下列规定：

a） 电缆应悬挂。电缆悬挂点间的距离，在竖井内不得大于6m，在正洞、平行导坑或斜井内不得大于3m。

b） 电缆不应与风、水管敷设在同一侧，当受条件限制需敷设在同一侧时，必须敷设在管子的上方，其间距应大于0.3m。

c） 通信和信号电缆应与电力电缆分挂在隧道两侧。如果条件受限，则竖井内应敷设在距电力电缆0.3m以外的地方，正洞或平行导坑内应敷设在电力电缆上方0.1m以上的地方。

d） 高、低压电力电缆敷设在同一侧时，其间距应大于0.2m。高压与高压、低压与低压电缆间的距离不得小于0.05m。

e） 在有瓦斯抽采管路的隧道内，电缆（包括通信电缆）必须与瓦斯抽采管路分挂在隧道两侧。

9.2.9 电缆的连接应满足下列要求：

a） 电缆与电气设备连接时，电缆芯线必须使用齿形压线板（卡爪）、线鼻子或快速连接器与电气设备进行连接。

b） 不同型电缆之间严禁直接连接，必须经过符合要求的接线盒、连接器或母线盒进行连接。

c） 同型电缆之间直接连接时必须遵守下列规定：

1） 橡套电缆的修补连接（包括绝缘、护套已损坏的橡套电缆的修补）应采用阻燃材料进行硫化热补或与热补有同等效能的冷补，并应进行浸水耐压试验，合格后方可使用；

2） 塑料电缆连接处的机械强度以及电气、防潮密封、老化等性能，应符合该型电缆的技术标准。

9.2.10 隧道内低压馈电线路上装设的漏电保护装置应符合下列规定：

a） 配电系统应按三级配电两级保护的原则，总配电箱至开关箱设置两级检漏继电器，两级检漏继电器的额定漏电动作电流和额定漏电动作时间应做合理配合，使之具有分级保护的功能；

b） 检漏继电器应分别装设在总电源断路器和分路开关的负荷侧；

c） 洞内所有电气设备控制必须装设漏电保护开关，其动作特性应根据电气设备的不同使用环境，选用适当的漏电动作电流；

d） 检漏继电器和漏电保护开关安装完毕后，应按规定做人工漏电跳闸试验，如不跳闸，则应切断电源做全面检查，合格后方可投入使用；

e） 洞内使用的检漏继电器和漏电保护开关必须采用防爆型。

9.2.11 照明供电与照明灯具的选用应符合下列规定：

a） 供电应采用动照分供法，照明供电应从洞外或洞内低压变压器专用电缆单独引出。

b） 分路动力开关与照明开关应分别设置，照明线路接线应接在动力开关的上侧。

c） 工作面、防水板铺设和二次衬砌施工等作业平台处及未施作二次衬砌地段的移动照明，均应采用具有短路、过载和漏电保护的照明信号综合保护装置（集干式变压器和开关为一体），电压不大于127V（潮湿等特定条件下不大于36V），用分支专用电缆、防爆接线盒接入防爆照明灯具。

d） 固定照明灯具的选用应符合下列规定：

1） 采用压入式通风时，已衬砌地段的固定照明灯具，采用ExdⅡ型防爆照明灯；开挖工作面附近、未衬砌地段的移动照明灯具，采用ExdI型矿用防爆照明灯。

2） 采用巷道式通风时，进风巷道已衬砌地段采用ExdⅡ型防爆照明灯；开挖工作面附近、未衬砌地段及回风巷道内的照明灯具，采用ExdI型矿用防爆照明灯。

e） 移动照明灯具的选用应符合下列规定：

1） 移动照明使用矿灯，并配置专用矿灯充电装置。

2） 对洞内工作面开挖支护、仰拱施作、防水板铺设及二次衬砌浇筑等工序作业照明亮度要求较高处，可配置移动隔爆型投光灯。

9.2.12 隧道内电压在36V以上和可能带有危险电压的电气设备的金属外壳、构架，铠装电缆的钢带（或钢丝）、屏蔽护套等应保护接地。保护接地应符合以下规定：

a） 隧道内电气设备保护接地装置和局部接地装置，应与主接地极连接成一个独立的接地网。

b） 接地网上任一保护接地点的接地电阻值不得超过2Ω。每一移动式和手持式电气设备与接地网间的保护接地，所用电缆芯线和接地连接导线的电阻值，不得超过1Ω。

c） 主接地极应在洞口或洞内集水沟处专门埋设。主接地极应用耐腐蚀的镀锌钢板制成，其面积不得小于0.75m^2、厚度不得小于5mm。

d） 各保护接地装置与主接地极之间的接地母线，应采用截面不小于50mm^2的专用黄/绿双色PE铜芯接地线。

e） 电气设备的外壳等与接地母线的连接，应采用截面不小于25mm^2的PE铜芯接地线。

f） 专用保护接地线不允许断线，且不允许安装任何开关或熔断器。

g） 洞外地面变电所高压馈电线上必须装设有选择性的单相接地保护装置；供洞内移动变电站的高压馈电线严禁单相接地运行，必须装设有选择性的动作于跳闸的单相接地保护装置。当发生单向接地时，应立即切断电源。

h） 洞内低压馈电线上，必须装设能自动切断漏电线路的检漏保护装置或有选择性漏电保护装置。

9.2.13 避雷接地措施应满足下列要求：

a） 由地面架空线路引入隧道内的供电线路（动力电缆、照明电缆、瓦斯监控信号电缆、通信电缆等），必须在隧道洞口处装设避雷装置。

b） 由地面直接进入隧道内的轨道和露天架空引入（出）的风、水等管路，必须在隧道洞口附近将金属体进行不少于2处良好的集中接地。

c） 通信线路必须在隧道洞口附近装设熔断器和避雷装置。

9.2.14 瓦斯工区电气设备应符合下列防爆安全规定：

a) 当不得不使用非防爆型光电测距仪及其他有电源的设备时，在仪器设备 20m 范围内的瓦斯浓度必须小于 0.5%。

b) 安装后的机电设备，必须经过外观、防爆性能、操作性能的检查，合格后方可投入使用。

c) 机电设备应重点检查专用供电线缆、专用变压器、专用开关，瓦斯浓度超限与供电的闭锁、局部通风机与供电的闭锁情况。供电线路应无明接头，无接头连接不紧密或散接头，有漏电保护装置，有接地装置，电缆悬挂整齐，防护装置齐全等。

d) 电动装渣、开挖等作业机械在操作中，防爆开关表面温度超过 150℃时应立即停止作业。

e) 瓦斯工区内使用的机电设备，在使用期间，除日常检查外，尚应按规定的周期进行检查，其检查周期应符合表 4 的规定。

表 4 电气设备和电缆检查周期规定

序号	检查、调整项目	检查周期	备注
1	使用中的防爆电气设备的防爆性能检查	每月一次	每日由电工检查一次外部
2	配电系统断电保护装置检查整定	每半年一次	负荷变化时应当及时整定
3	高压电缆的泄漏和耐压试验	每年一次	
4	主要电气设备绝缘电阻的检查	至少每半年一次	
5	固定敷设电缆的绝缘和外部检查	每季一次	每周由电工进行一次巡查
6	移动式电气设备的橡套电缆绝缘检查	每月一次	每班由电工检查 1 次外皮有无破损
7	接地电网接地电阻值测定	每季一次	
8	新安装的电气设备绝缘电阻和接地电阻值测定		投入运行以前

9.3 作业机械

9.3.1 瓦斯工区内的作业机械应使用蓄电池车或柴油车，不得使用汽油车。

9.3.2 蓄电池车必须符合下列要求：

a) 必须具备防爆预警功能；

b) 充电必须在隧道洞外进行；

c) 检修必须在隧道洞外进行，测定电压时必须在揭开电池盖 10min 后测试。

9.3.3 微瓦斯工区和低瓦斯工区的作业机械应安装车载瓦斯自动监控报警与断电系统等主动防爆装置(改装方法见附录 I)，实时监测机械作业环境中的瓦斯浓度。当瓦斯浓度超过 0.5% 时，装置可及时发出声光报警，切断电源，控制机械熄火。待作业环境中的瓦斯浓度降至 0.5% 以下，装置解除锁定，可重新启动机械。非防爆设备严禁驶入高瓦斯工区和煤与瓦斯突出工区。

9.3.4 高瓦斯工区的作业机械可采用瓦斯电闭锁型的防爆改装，煤(岩)与瓦斯突出工区的作业机械应采用矿用整车防爆改装。防爆改装标准可参照附录 I 执行。

9.3.5 瓦斯工区洞内施工作业机械应采取以下措施：

a) 在机械摩擦发热部件上安设过热保护装置和温度检测报警装置；

b) 对机械动力传动部位或机构可能产生摩擦热处，要及时润滑、保养，清除污物，严防异物进入；

c) 在机械摩擦部件金属表面，熔覆活性低的金属；

d) 在铝合金表面涂丙烯酸甲基酯等涂料，以防摩擦产生火花；

e) 作业机械宜在洞外加油，条件受限时应在二次衬砌已完成、通风良好的地段设置专用加油区，并按动火作业管理；

f) 出渣设备在铲装洞渣时，应先喷淋洒水，防止摩擦和撞击产生火花。

10 瓦斯检测与监控

10.1 瓦斯检测

10.1.1 瓦斯工区应采用瓦斯浓度、风速双指标进行安全施工组织管理。

10.1.2 高瓦斯工区和煤(岩)与瓦斯突出工区应采用自动监控报警系统与人工检测相结合的方式检测瓦斯,低瓦斯工区宜采用自动监控报警系统与人工检测相结合的方式检测瓦斯,微瓦斯工区可采用人工检测的方式检测瓦斯。

10.1.3 施工单位应配置专职瓦检员,编制瓦斯巡回检测图表,开展瓦斯巡检或根据需要随时测定瓦斯浓度,并悬挂记录牌。

10.1.4 瓦检员应严格遵守瓦斯检测仪器仪表操作规程,熟悉仪器仪表,加强日常管理和维护,按规定校正。当不具备条件时,应送有资质的单位进行校正。按检定计划定期检验,做好送检记录。

10.1.5 施工单位应按程序要求对瓦斯检测工作进行自查,并报监理单位备案和检查。每班自查内容应包括:

a) 瓦检员上岗资格、到岗及交接班情况;
b) 瓦斯检测仪器是否在检定期内、是否定期校正、使用前是否校对;
c) 现场瓦斯巡回检测图表是否符合规定要求;
d) 瓦斯检测记录牌信息是否及时更新;
e) 人工或自动监控瓦斯日报表和瓦斯台账是否准确、完整、连续;
f) 自动监控报警系统安装是否符合要求,传感器是否悬挂在规定位置。

10.1.6 监理单位应配置专职监理工程师和监理员,配备瓦斯检测仪,对施工单位瓦斯检测工作进行监督检查和定期平行检验,填写瓦斯平行检验表。

10.1.7 开展瓦斯检测或瓦斯等级评定的第三方单位,应具备相应的资质(资格)。

10.1.8 瓦检员发现事故隐患,有权指挥当班班长组织人员及时进行整改处理,瓦斯超限时有权责令现场人员停止作业,组织人员撤离到安全地点。

10.1.9 瓦斯工区专职瓦检员的瓦斯检测仪器仪表应符合下列规定:

a) 高瓦斯工区和煤(岩)与瓦斯突出工区应同时配备低浓度光干涉式甲烷测定器和高浓度光干涉式甲烷测定器;
b) 非瓦斯工区、微瓦斯工区和低瓦斯工区应配备低浓度光干涉式甲烷测定器;
c) 当地层富含 H_2S、CO、N_2、NO_2、NH_3 等有害气体时,应配备相应的气体测定器。

10.1.10 洞内工程技术人员、班组长、特殊工种等主要管理人员,进入瓦斯工区应配备便携式甲烷检测报警仪。

10.1.11 人工瓦斯巡检地点应包括:

a) 隧道内各工作面,如掌子面、仰拱及二次衬砌等作业面;
b) 爆破地点附近 20m 内风流中;
c) 瓦斯易发生积聚处,如拱顶、脚手架顶、台车附近、塌腔区、超挖凹腔、断面变化处、联络通道及预留洞室等风流不易到达的位置;
d) 过煤层、断层破碎带、裂隙带及瓦斯异常涌出点;
e) 隧道内可能产生火源的地点,如局部通风机、电机、变压器、电气开关附近、电缆接头等;
f) 岩层裂隙、溶洞、出水点等其他通风死角处。

10.1.12 人工巡检频率应符合下列规定:

a) 微瓦斯工区不少于 1 次/4h,低瓦斯工区和高瓦斯工区不少于 1 次/2h;
b) 高瓦斯工区和煤(岩)与瓦斯突出工区开挖工作面及瓦斯涌出量较大、变化异常区域,应专人随时检测瓦斯浓度；

c） 在瓦斯工区内进行钻孔作业、塌腔及采空区处治和焊接动火时，专职瓦检员应跟班作业，随时检测瓦斯浓度。

10.1.13 瓦斯工区的开挖工作面及台车位置的拱顶部位应悬挂便携式甲烷检测报警仪，随时检测瓦斯浓度。

10.1.14 瓦斯自动监控报警系统设备及安装要求可参照附录H，其功能应满足下列最低要求：

a） 具有断电、馈电状态监测和报警功能，显示、存储和打印报表功能；

b） 应能实时监测瓦斯浓度、洞内风速；

c） 可对主要风机实现瓦斯、风速和电的闭锁功能；

d） 瓦斯浓度超过要求时，自动切断超限区的电源后，自动监控报警系统仍可正常工作。

10.1.15 瓦斯浓度超限时，瓦检员有权责令现场人员按表5的规定执行。

表5 隧道内瓦斯浓度限值及超限处理措施

序号	工　区	地　点	限值	超限处理措施
1	微瓦斯工区	任意处	0.25%	查明原因，加强通风监测
2	低瓦斯工区	任意处	0.5%	超限20m范围内立即停工，查明原因，加强通风监测
3	高瓦斯工区、煤(岩)与瓦斯突出工区	瓦斯易积聚处	1.0%	超限附近20m停工，断电，撤人，进行处理，加强通风
4		开挖工作面风流中	0.5%	停止钻孔，超限处停工，撤人，切断电源，查明原因，加强通风等
5		回风巷或工作面回风流中	0.5%	全隧道停工，撤人，处理
6		放炮地点附近20m风流中	0.5%	严禁装药放炮，加强通风
7		煤层放炮后工作面风流中	0.5%	继续通风，不得进入
8		局部通风机及电气开关10m范围内	0.5%	停机，通风，处理
9		电动机及开关附近20m范围内	0.5%	停止运转，撤出人员，切断电源，进行处理

10.1.16 瓦斯检测设备、仪器调试、校正应满足以下要求：

a） 安全监控设备必须定期进行调试、校正，每月至少一次；

b） 采用载体催化元件的甲烷传感器、便携式甲烷检测报警仪，便携式光学甲烷检测仪，每7d必须使用校准气样和空气样调校一次；

c） 每7d必须对风电、瓦电闭锁试验及甲烷超限断电功能进行测试。

10.1.17 每班人工瓦斯检测结果应及时上交瓦斯监控室，由值班瓦斯监控员对人工检测结果与自动监控系统相应位置、时间的自动监控值进行比对，并填写光学瓦斯检测仪与甲烷传感器对照表，两种方式相互验证，发现异常应及时查明原因。瓦斯检测和监测记录应保持连续性、完整性，分类建档，专人负责。

10.1.18 在瓦斯工区隧道拱部进行作业时，应随时检测作业范围内的瓦斯浓度，重点检测瓦斯易积聚且风流不易到达的地方。

10.1.19 隧道内动火作业必须编制专门措施报安全部门和现场负责人审批。瓦斯浓度大于0.5%时，严禁隧道内一切动火作业。对于瓦斯突出工区，在未消除瓦斯突出危险期内，严禁隧道内一切动火作业。瓦斯工区经审批进行焊接等动火作业时，瓦检员必须跟班作业，随时检测动火点前后 20m 范围内的瓦斯浓度，确保动火作业区域瓦斯浓度小于 0.5%。动火点附近还应采取消防措施。

10.1.20 同一地点、同一时间，不同的瓦斯检测装备仪器、仪表显示不同的瓦斯浓度值，以最大值为准。

10.2 自动监控报警系统

10.2.1 高瓦斯工区和煤（岩）与瓦斯突出工区必须采取自动监控报警系统与人工检测相结合的瓦斯监测方式，配置瓦斯自动监控报警系统，对各作业面和回风流中的甲烷等有害气体浓度进行连续监测。瓦斯自动监控报警系统与断电系统安装可参照附录 H。

10.2.2 瓦斯自动监控报警系统安装完毕应报监理单位验收，合格后方可投入使用。运行期间应加强巡视和维护，按规定进行传感器校正和检定，保证系统各项性能、技术指标达到设计要求。

10.2.3 瓦斯自动监控报警系统应具备瓦电闭锁装置和风电闭锁装置的全部功能，必须具有断电状态和馈电状态监测、报警、显示、存储和打印报表功能，实现风电、瓦电闭锁和声光报警功能。瓦斯浓度超过断电值时，自动监控报警系统应自动切断超限区动力电源，照明及自动检测系统仍应正常工作。

10.2.4 瓦斯自动监测点应分别布设高、低浓度甲烷传感器。甲烷传感器悬挂位置应能反映风流中瓦斯的最高浓度，重点悬挂在开挖工作面（开挖作业台车）、距开挖工作面 20 ~ 30m 回风流处、二次衬砌模板台车作业面及已完成衬砌距离洞口 50m 处回风流中四个地点，且应悬挂在拱顶下 20cm 位置处，其迎风流和背风流附近无障碍物阻挡。防水板作业面、仰拱作业面、局部通风机和固定电气设备集中放置地点可悬挂便携式瓦斯报警仪。

10.2.5 隧道洞口应建立瓦斯监控中心，配置经安全培训并考核合格的瓦斯监控员，并建立 24h 连续值班制度。瓦斯监控员应严格遵守瓦斯检测操作规程，熟悉监控操作和瓦斯自动监测设备性能，随时注意各类瓦检监测设备的运行状态，填写瓦斯隧道安全监控系统运行记录表（见附录 K）。值班人员严禁擅离职守、脱岗离岗。

10.2.6 不得随意更改瓦斯自动监控报警系统中甲烷等气体传感器的预设参数，各类传感器数据显示异常时，应及时上报，对监控系统进行校核、检验，并采取处理措施。

11 钻爆作业与支护

11.1 一般规定

11.1.1 瓦斯工区施工应遵循“多打眼、少装药、短进尺、管超前、快喷锚、强支护、勤检测、早封闭”的原则。

11.1.2 瓦斯工区应采用光面爆破，严格控制超挖，减少开挖面坑洼形成的瓦斯局部积聚。

11.1.3 爆破作业必须执行“一炮三检”和“三人连锁爆破”制度。

11.1.4 应制定综合防尘措施、预防和隔绝煤尘爆炸措施及管理制度，并组织实施。

11.1.5 发生瓦斯涌出、喷出等异常状况或其他煤（岩）与瓦斯突出预兆时，应立即报警、切断电源、停止工作、撤出人员，并上报后按预防应急预案采取安全措施。

11.1.6 应制定爆破用品保存、领用、运输管理制度并报批。

11.1.7 不得使用过期或者变质的爆炸物品。爆破后剩余的爆炸物品，当天退回爆炸物品库，严禁私自存放和销毁。

11.1.8 瓦斯隧道施工应保证初期支护施作质量和加强围岩监控量测管理，保持支护环环紧跟，严禁弱化初期支护结构，全力避免塌方。

11.1.9　瓦斯隧道各工区间的贯通点宜设置于瓦斯地层外50m以上，且各工区间贯通前50m应采用单工作面掘进方式组织施工。

11.1.10　瓦斯工区含煤地层段二次衬砌距掌子面的距离不宜超过70m。

11.2　钻爆作业

11.2.1　瓦斯工区钻孔作业必须符合下列规定：

a）开挖工作面附近20m风流中瓦斯浓度必须小于0.5%。

b）钻孔应采用湿式钻孔。

c）开始钻孔应按“先开水、再开风、最后送电”的顺序操作。

d）结束钻孔应按“先关风、再关水、最后断电”的顺序操作。

e）炮眼深度应不小于0.6m。欠挖处理等特殊情况确需进行炮眼深度小于0.6m的爆破时，必须制定安全措施并封满炮泥。

f）有2个或2个以上自由面时，煤层中，最小抵抗线不得小于0.5m；岩层中，最小抵抗线不得小于0.3m。

g）大块石爆破，最小抵抗线不得小于0.3m。

h）严禁裸露爆破。

i）移动钻机时，必须切断钻机电源。

11.2.2　微瓦斯工区可采用常规爆破器材，但必须加强通风、瓦斯检测等灾害预防工作。

11.2.3　低瓦斯地层、高瓦斯地层和煤（岩）与瓦斯突出地层使用的爆破器材必须符合下列规定：

a）低瓦斯地层必须使用安全等级不低于二级的煤矿许用炸药，低瓦斯工区的其他地层必须使用安全等级不低于一级的煤矿许用炸药。高瓦斯地层必须使用安全等级不低于三级的煤矿许用炸药。煤（岩）与瓦斯突出工区瓦斯地层和揭煤施工必须使用安全等级不低于三级的煤矿许用含水炸药。严禁使用冻结或者半冻结的硝化甘油类炸药。一次爆破必须使用同一厂家、同一品种的煤矿许用炸药。

b）严禁使用秒及半秒延期电雷管。应使用煤矿许用瞬发电雷管、煤矿许用毫秒延期电雷管、煤矿许用数码电雷管。毫秒延期电雷管不得跳段使用。一次起爆总时间差不得超过130ms。不得混合使用不同厂家生产的电雷管。不得混合使用不同品种的电雷管。

c）起爆母线应选用具有良好绝缘和柔顺性的铜芯电缆。放炮母线或辅助母线的破皮、裸露接头，必须做绝缘处理。严禁用裸线。严禁用铝芯线。

d）起爆器应选用防爆型。

11.2.4　存在下列任意一种情况时，严禁装药，严禁爆破：

a）爆破地点20m以内，风流中瓦斯浓度达到或超过0.5%；

b）爆破地点20m以内，各类施工机具、设备、碎石、煤渣、材料等堵塞开挖断面面积达到或超过1/3；

c）爆破地点风量不足、风向不稳定，局部通风机有循环风，停局部通风机和无风放炮；

d）炮孔异状、温度骤高骤低、显著瓦斯涌出、煤岩松散、穿透既有巷道空腔等情况。

11.2.5　瓦斯工区装药必须符合下列规定：

a）装药前应清除炮眼内的煤粉、岩粉，应准备好足够的炮眼封堵材料。

b）装药时，应用木质或竹质炮棍将药卷轻轻推入，不得冲撞或捣实。炮眼内的各药卷必须彼此密接。

c）高瓦斯工区和煤（岩）与瓦斯突出工区不得采用反向起爆。

d）炮眼有水时，应使用抗水型炸药。

e）从成束的电雷管中抽取单个电雷管时，不得手拉脚线硬拽管体，不得手拉管体硬拽脚线；应将成束的电雷管顺好,拉住前端脚线将电雷管抽出。抽出单个电雷管后,必须将其脚线末端扭结成短路。

f) 雷管不应受到震动、冲击。不得折断电雷管脚线和损坏脚线绝缘层。

g) 电雷管必须由药卷的顶部装入,严禁将电雷管斜插在药卷的中部或捆在药卷上。电雷管必须全部插入药卷内。

h) 严禁用电雷管代替竹、木棍扎眼。电雷管插入药卷后,必须用脚线将药卷缠住,并将电雷管脚线扭结成短路。

i) 装药后,电雷管脚线应悬空。严禁电雷管脚线、爆破母线与运输设备、电气设备等导电体接触。

11.2.6 瓦斯工区炮眼封泥必须符合下列规定:

a) 炮眼封泥必须使用水炮泥,水炮泥外剩余的炮眼部分应采用黏土炮泥或其他不燃可塑松散材料制成的炮泥封实;

b) 严禁用煤粉、块状材料或其他可燃性材料进行炮眼封泥;

c) 光面爆破周边眼应进行炮眼封泥;

d) 存在无封泥、封泥不足或不实的炮眼,严禁爆破;

e) 炮眼封泥长度应符合表6规定。

表6 炮眼封泥长度

炮眼深度 L(m)或炮眼类型	炮眼封泥长度 d(m)
光面爆破周边眼	$d \geq 0.3$
$0.6 \leq L < 1.0$	$d \geq L/2$
$1.0 \leq L < 2.5$	$d \geq 0.5$
$L \geq 2.5$	$d \geq 1.0$

11.2.7 瓦斯工区爆破网络和连线必须符合下列规定:

a) 爆破网络必须采用串联连接方式,不得并联或串并联。

b) 必须采用绝缘母线单回路爆破,严禁用轨道、金属管、金属网、水或大地等作为爆破回路。

c) 严禁将毫秒延期电雷管和瞬发电雷管接入同一串联网路中混合使用。

d) 爆破母线与电缆、电线、信号线不应设在同一侧。不得不设在同一侧时,爆破母线应设在下方,且距离不小于0.3m。母线应随用随设。

e) 爆破前,爆破母线必须扭结成短路,并包覆绝缘层。

f) 起爆器宜设置在洞外。煤(岩)与瓦斯突出工区的瓦斯地层,起爆器必须设置在洞外。非煤(岩)与瓦斯突出工区,不得不将起爆器设在洞内时,起爆器应安装在新鲜风流中,起爆器20m以内风流中瓦斯浓度必须小于0.5%;起爆器安装位置必须根据爆破安全距离、预计煤(岩)与瓦斯突出强度、通风系统等,在施工方案中确定,经过审批,并在作业规程中明确。

g) 一个开挖工作面严禁同时使用两台及两台以上起爆器起爆。一次装药不得分次起爆。

11.2.8 瓦斯工区爆破作业必须符合下列规定:

a) 爆破前,所有人员必须撤至隧道外,不得在洞室中、设备附近躲避。

b) 爆破前,爆破母线拉至规定起爆地点后,爆破员应采用电爆网络全电阻测试仪检查电爆网络全电阻值。严禁采用起爆器打火放电方法检测电爆网路。

c) 在有煤尘爆炸危险的煤层中,爆破前后,爆破地点附近20m必须洒水降尘。

11.2.9 通电以后整体拒爆时,爆破员必须取下把手或钥匙,将爆破母线从电源上摘下,扭结成短路。使用瞬发电雷管时,应等待不少于5min。使用延期电雷管时,应等待不少于15min,才可沿线路检查,查找拒爆原因。

11.2.10 处理拒爆时,必须符合下列规定:

a) 由于连线不良造成的拒爆,可重新连线起爆。

b) 可在拒爆炮眼 0.3m 以外另打与拒爆炮眼平行的新炮眼,重新装药起爆。

c) 严禁用镐刨或从炮眼中取出原放置的起爆药卷,或从起爆药卷中拉出电雷管。不论有无残余炸药,均严禁将炮眼残底继续加深;严禁使用打孔的方法往外掏药;严禁使用高压风吹拒爆、残爆炮眼。

d) 处理拒爆的炮眼爆炸后,必须详细检查炸落的洞渣,收集未爆的电雷管。

e) 拒爆处理完毕前,严禁在该地点进行与处理拒爆无关的工作。

11.2.11 铲装洞渣前洒水润湿,防止产生火花。拆卸钢模板和铺设轨道时应使用木槌,防止金属器械摩擦和撞击产生火花。

11.2.12 开挖完成后应及时对裸露围岩进行初喷封闭,以防止瓦斯逸出。

11.3 支护与衬砌

11.3.1 超前支护或预加固应严格按设计施工,其质量未经监理单位检查、验收合格,不得进行开挖作业,以防止坍塌,诱发瓦斯异常涌出。

11.3.2 瓦斯工区钢筋网片施工应采用洞外预制、洞内拼装绑扎连接的方式。

11.3.3 瓦斯工区钢架宜采用装配式型钢钢架,采用螺栓连接,尽量减少焊接。

11.3.4 瓦斯工区隔离板(防水板)的搭接宜采用冷黏法,两幅隔离板的搭接宽度不应小于 15cm。

11.3.5 瓦斯工区二次衬砌内主筋应采用绑扎或套筒连接,其余钢筋可采用绑扎连接,尽量减少焊接。

11.3.6 掺气密剂的混凝土建筑材料及施工工艺应符合下列规定:

a) 宜选用强度等级不低于 42.5 级的硅酸盐水泥或普通硅酸盐水泥,不得采用其他水泥。

b) 细骨料应选用细度模数 Mx≥2.7、含泥量≤3% 的级配合理、质地均匀坚固的洁净中粗河砂或专门机组生产的机制砂,不得使用细砂或海砂。

c) 粗骨料应选用最大颗粒粒径 D_{max} ≤40mm、级配 2 ~ 3 级、含泥量≤1% 及针片状含量≤15% 的粒形良好、质地坚固的洁净碎石,不得有泥土块或泥土包裹石子表面。

d) 气密剂掺量应满足设计要求。气密剂宜选用性能稳定的硅灰、粉煤灰及高效减水剂的复合剂。

e) 水胶比宜取 0.4 ~ 0.45。

12 揭煤防突

12.1 一般规定

12.1.1 具有煤(岩)与瓦斯突出危险的隧道,应编制揭煤防突专项设计和专项施工方案。

12.1.2 揭穿具有煤(岩)与瓦斯突出危险的地层时,应严格按照“四位一体”综合防突措施要求组织实施,而揭穿厚度小于 0.3m 的突出煤层时,可直接用远距离爆破方式揭穿煤层。揭煤防突工作流程可参照图 2 进行。

12.1.3 隧道开挖工作面从距煤层底(顶)板的最小法向距离 10m 开始到穿过煤层进入顶(底)板 5m(最小法向距离)的整个过程,均属于揭煤作业。

12.1.4 煤(岩)与瓦斯突出地层在进行超前探测、突出危险性预测、防突措施及防突措施效果检验过程中,应停止其他与防突工作无关的作业。

12.1.5 穿越煤(岩)与瓦斯突出煤层时,应由具有相应技术能力、救护经验和资质资格的第三方单位协助进行。瓦检员应随时检测瓦斯,观察并掌握突出预兆,当发现煤(岩)与瓦斯突出预兆时,瓦检员有权发出停工、撤人和断电指令,并协助救援人员组织撤离。

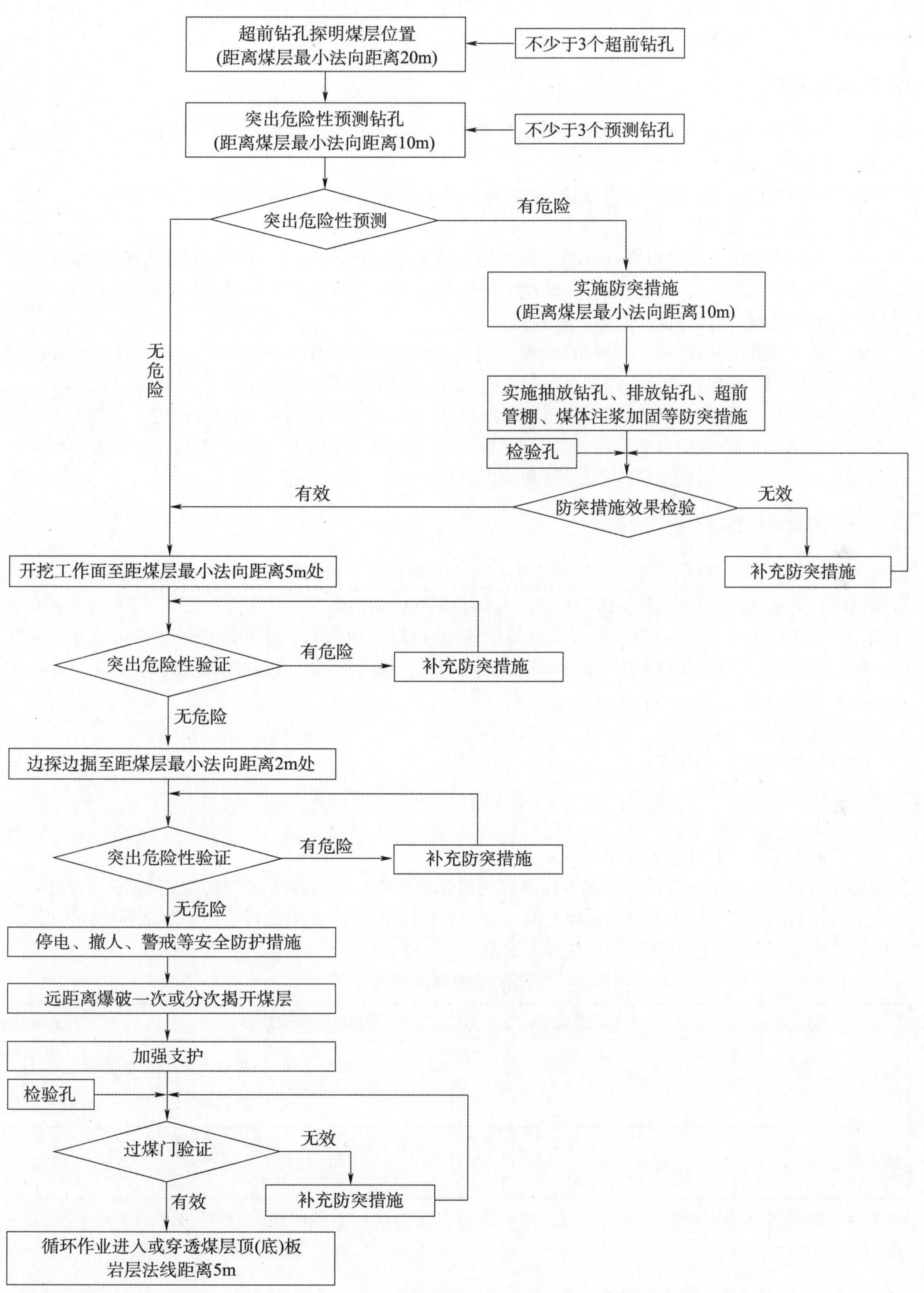

图2　揭煤防突工作流程图

12.1.6 在具有煤(岩)与瓦斯突出危险工区施工时,任意两个相向开挖掌子面距离不应小于100m,同向(相邻)开挖掌子面距离不应小于50m。

12.2 超前探测

12.2.1 在有煤(岩)与瓦斯突出危险性的地层中施工时,应进行隧道地质素描和超前探测,加强地质分析及预测预报工作。

12.2.2 接近煤层前,应对煤层进行超前探测,准确控制煤层层位,掌握其赋存位置和形态。

12.2.3 突出煤层超前探孔应符合下列规定:

a) 在距煤层最小法向距离20m位置的开挖工作面处(地质构造复杂、岩石破碎的区域,应适当增加最小法向距离),应准确探明开挖工作面前方及周边煤层分布位置,取芯钻孔数量不少于3个,分别控制在隧道的上部及左右侧;

b) 超前探孔应穿透煤层(或煤组)全厚且进入顶(底)板不小于0.5m,钻孔直径不宜小于76mm,当需测定煤层瓦斯压力或含量等参数时,超前探测钻孔兼做预测钻孔;

c) 观察并记录探孔过程中的瓦斯动力现象、孔口排出的浆液及煤屑变化情况;

d) 记录岩芯资料,按各孔见煤、出煤点确切位置,计算煤层的厚度、倾角、走向及与隧道的相对位置关系,并分析煤层顶、底板岩性和地质构造。

12.3 突出危险性预测

12.3.1 隧道施工时,煤层突出危险性预测工作应在距煤层最小法向距离10m前进行,地质构造复杂、岩石破碎的区域,应适当增加最小法向距离。超前预测孔的数量不少于3个。

12.3.2 开挖工作面煤(岩)与瓦斯突出危险性预测,应以瓦斯压力法或瓦斯含量法作为主要预测方法,并至少选取下列一种其他方法辅助验证,且宜选用便于现场操作实施的方法进行:

a) 瓦斯压力法(附录A);

b) 瓦斯含量法;

c) 钻屑指标法(附录F);

d) 综合指标法;

e) R值指标法;

f) 钻孔瓦斯涌出初速度法(附录G)。

12.3.3 开挖工作面突出危险性预测方法中有任何一项指标超过临界指标,则该工作面即为突出危险工作面。预测临界指标值应根据当地煤矿的实测临界指标值确定,无当地煤矿的实测临界指标值时,可参照表7中所列突出危险性预测指标临界值确定。

表7 突出危险性预测指标临界值

<table>
<tr><td rowspan="2">预测指标</td><td rowspan="2">瓦斯压力(MPa)</td><td rowspan="2">瓦斯含量(m^3/t)</td><td colspan="3">综合指标</td><td colspan="4">钻屑瓦斯解吸指标</td><td rowspan="2">R值指标</td><td rowspan="2">钻孔瓦斯涌出初速度(L/min)</td></tr>
<tr><td>D</td><td colspan="2">K</td><td colspan="2">Δh_2 指标临界值(Pa)</td><td colspan="2">K_1 指标临界值[mL/(g·min$^{1/2}$)]</td></tr>
<tr><td rowspan="2">临界值</td><td rowspan="2">0.74</td><td rowspan="2">8</td><td rowspan="2">0.25</td><td>无烟煤</td><td>其他煤种</td><td>干煤样</td><td>湿煤样</td><td>干煤样</td><td>湿煤样</td><td rowspan="2">6</td><td rowspan="2">5</td></tr>
<tr><td>20</td><td>15</td><td>200</td><td>160</td><td>0.5</td><td>0.4</td></tr>
</table>

12.3.4 钻孔过程中出现明显顶钻、卡钻、喷孔等动力现象及其他突出预兆时,应视该开挖工作面为突出危险工作面。

12.4 防治煤(岩)与瓦斯突出措施

12.4.1 防治煤(岩)与瓦斯突出措施应在距突出煤层最小法向距离10m前的位置进行。

12.4.2 防治煤(岩)与瓦斯突出措施包括抽放钻孔、排放钻孔、超前管棚、煤体注浆加固或其他经试验证明有效的措施,施工单位在揭煤前根据揭煤防突设计文件编制技术、组织、安全、通风、抢险、救护等技术组织措施。

12.4.3 防治煤(岩)与瓦斯突出措施应优先采用钻孔瓦斯排放。若采用瓦斯抽放,则需要编制瓦斯抽放设计。

12.4.4 钻孔抽(排)放瓦斯应遵守下列规定:

a) 对具有煤(岩)与瓦斯突出地层的钻孔抽(排)放瓦斯进行设计。设计内容主要包括煤层赋存状况、煤层参数、预测时的各项指标、抽(排)放范围、钻孔抽(排)放半径、抽(排)放时间、抽(排)放孔个数、钻孔长度和角度、抽(排)放孔施工及抽(排)放期间的安全措施等。

b) 抽(排)放时间、抽(排)放半径应根据煤层参数、预测指标等综合分析确定,抽(排)放孔的角度、长度、个数应根据煤层赋存状况、抽(排)放范围和抽(排)放半径计算确定。

c) 抽(排)放钻孔控制范围为隧道轮廓线左、右帮外不小于12m,下帮不小于12m(急倾斜煤层不小于6m),上帮不小于12m,且上帮控制范围的外边缘到隧道轮廓线的最小法向距离不小于5m。具体抽(排)放范围及抽(排)放孔角度可参照表8取值。

表8 措施钻孔参数值

距开挖轮廓的抽(排)放范围(m)				抽(排)放半径(m)	抽(排)放时间(d)	抽(排)放孔角度(°)		
左	右	上	下			水平角	仰角	俯角
≥12	≥12	≥12	≥6	1~2	15~30 视瓦斯参数确定	0~90	0~45	0~20

d) 抽(排)放孔直径一般为75~120mm,各孔应穿透煤层,并进入顶(底)板岩层不小于0.5m。当煤层倾角小、煤层厚,不能一次打穿煤层全厚时,可采用分段分部多次抽(排)放,但首次抽(排)放钻孔宜进入煤层深度5~10m。

e) 抽(排)放孔施工前应加强抽(排)放工作面及已开挖段的支护,防止坍塌造成突出。

f) 抽(排)放孔施工应严格按设计钻孔,钻孔过程中应有专人检查验收钻孔角度和长度等竣工情况。

g) 抽(排)放孔施工过程中应注意观察各种异常情况及动力现象,当某孔施工中动力现象严重时,可暂停该孔施工,待其他孔施工完后再补钻该孔。

h) 采用抽放措施时,每钻完一个孔应及时封孔抽放;采用排放措施时,每钻完一个孔应检测该孔瓦斯涌出量,以后每天进行2次,计算衰减系数,掌握排放效果和修正排放时间。

i) 揭穿突出煤层宜采用上下台阶法开挖,利用上台阶排放下台阶的部分瓦斯,其台阶长度应根据通风需要和隧道围岩稳定性、支护结构安全性综合考虑确定,下台阶排放应采用下列措施:

1) 在上部台阶底打俯角孔排放;

2) 孔距与排距宜为1~2m;

3) 每排排放钻孔连线应与煤层走向平行。

12.4.5 揭煤工作面超前管棚防突措施一般是在隧道拱顶和两侧一定范围内布置管棚,并注浆固化煤体。超前管棚和煤体固化防突措施应与隧道超前地层加固相结合进行设计和施工。当采用超前管棚和煤体固化措施时,应遵守以下规定:

a) 管棚支护设计参数如钢管直径、长度、间距、仰角、水平搭接长度、与之连接的钢拱架间距、注浆参数等,应进行专门设计,并严格按设计施工。

b) 超前管棚钻孔应穿过煤层并进入煤层顶(底)板至少0.5m,当钻孔不能一次施工至煤层顶(底)板时,则进入煤层的深度不应小于15m。钻孔间距一般不大于0.3m。纵向两组管棚的搭接长度应大于3m。

c) 超前管棚施作完成后，应向孔内灌注水泥砂浆等不燃性固化材料。

d) 超前管棚及煤体注浆固化措施，应当配合其他措施一起使用，并在采用了其他防突措施并检验有效后方可在揭开煤层前实施。

12.4.6 煤(岩)与瓦斯突出工区钻孔排放瓦斯过程中，应加强工作面风流及回风道风流中瓦斯浓度检测，当排放工作面瓦斯浓度达到0.5%时，应立即撤出人员，切断电源，加强通风。

12.4.7 每次工作面防突措施施工完成后，应当绘制工作面防突措施竣工图。

12.5 防突措施效果检验

12.5.1 实施防突措施后，应在同一位置进行效果检验，以确认防突措施是否有效。当掘进至距煤层最小法向距离5m、2m处时，应分别再次对煤层突出危险性进行验证。

12.5.2 防突措施效果检验孔数不应少于5个，当采用全断面一次性抽(排)放时检验孔数不宜少于7个，检验孔的深度不应大于防突措施钻孔。检验钻孔应布置在防突措施钻孔密度相对较小、孔间距相对较大的位置，并远离周围各种防突措施钻孔或与各种钻孔保持等距离。

12.5.3 防突措施效果检验的方法应参照12.3条“突出危险性预测”的规定进行。当防突措施效果检验指标均小于表7指标临界值，且未发现其他异常情况时，判定为措施有效；当判定为措施无效时，必须采取补充防突措施。

12.6 揭煤与掘进

12.6.1 专项揭煤设计内容，应包括揭煤作业各阶段施工方法、支护措施、组织指挥、抢险救灾应急预案及远距离爆破安全防护措施等。

12.6.2 隧道开挖工作面揭开具有突出危险性煤层时，应在隧道外起爆。

12.6.3 揭开不同倾角、厚度的煤层宜采用下列方法：

a) 急倾斜和倾斜的薄煤层(厚度小于0.3m)，应一次揭穿煤层全厚。

b) 急倾斜和倾斜的中厚、厚煤层，一次揭煤深度宜为0.5~1.0m。

c) 缓倾斜煤层，应一次揭开最小保护厚度的岩柱。当倾角小于12°，岩柱水平长度较大时，可刷斜面揭开煤层。

d) 揭煤爆破工作面距煤层的最小垂距为急倾斜煤层2m、倾斜和缓倾斜煤层1.5m。

12.6.4 在半岩半煤和全煤层中掘进应符合下列要求：

a) 揭穿煤层后必须对揭煤断面周边5m范围(法线距离)的煤层进行验证，验证超标则必须采取局部防突措施防治煤与瓦斯突出；

b) 过煤期间(过煤门)必须在洞外进行放炮；

c) 过煤门必须编制专项安全技术措施，报相关部门审批后执行；

d) 每次循环进尺不宜超过1.5m(应短掘短进，掘进控制在1m为宜)，在全煤层中爆破掘进时应少钻孔、少装药。

12.6.5 揭煤施工过程中只要钻孔存在喷孔、顶钻或其他动力现象时，均应停止施工，采取防突措施并经效果检验有效后方可继续进入下一循环开挖作业。

12.6.6 爆破钻孔前，为防止瓦斯超限，可喷射混凝土临时封闭开挖工作面。

12.6.7 隧道开挖工法宜采用分部开挖法，原则上先行揭煤断面不宜超过30m^2。

12.7 安全防护

12.7.1 对煤(岩)与瓦斯突出地层，钻孔排放瓦斯期间，应提高洞内风速和风量，延长通风时间，回风系统内还应停电撤人。

12.7.2 穿越煤(岩)与瓦斯突出地层时，开挖工作面的专职瓦检员应随时检测瓦斯浓度，掌握煤(岩)

与瓦斯突出预兆,瓦检员有权停止工作面作业。

12.7.3 开挖工作面出现下列煤(岩)与瓦斯突出预兆时,应立即报警,停止工作,撤出人员,切断电源,并上报有关部门采取专门安全措施:

a) 瓦斯浓度忽大忽小,工作面温度降低,闷人,有异味等;
b) 开挖工作面地层压力增大,鼓壁,深部岩层或煤层的破裂声明显、响煤炮、掉渣、支护严重变形;
c) 煤层结构变化明显,层理紊乱,由硬变软,厚度与倾角发生变化,煤由湿变干,光泽暗淡,煤层顶、底板出现断裂、波状起伏等;
d) 钻孔时有顶钻、卡钻、喷孔等动力现象。

12.7.4 煤(岩)与瓦斯突出工区在揭穿突出煤层和过煤门期间钻爆作业爆破时,应停止洞内一切作业,切断洞内电源,撤出人员,并在洞口实行警戒。

12.7.5 揭煤爆破30min后,救护队员佩戴呼吸机到开挖工作面对爆破效果、瓦斯浓度等进行检查,确认安全后通知送电,开动局部通风机。通风30min后,由专职瓦检员检测开挖工作面、回风道等位置的瓦斯浓度,当洞内瓦斯浓度小于规定值时,方可通知工地负责人允许施工人员进洞。

12.7.6 揭煤时,主风机正常运转,备用主风机及二路电源应保持待启动状态。

12.7.7 长度大于1500m的煤(岩)与瓦斯突出工区,宜利用避车洞或横通道设置避难所,并配置高压供风管、供水管、通信设施,以及足够数量的自救器等。

12.7.8 揭煤工作应由揭煤领导小组统一协调指挥。揭煤时救护队员及应急设备在洞口待命,一旦发生险情立即采取救援措施。

13 施工安全及应急救援

13.1 一般规定

13.1.1 瓦斯工区施工应按该隧道实测瓦斯最高值进行安全施工管理。

13.1.2 瓦斯工区施工中应严格落实“加强通风、勤测瓦斯、严控火源”等原则。

13.1.3 监理单位应建立专门机构,制定瓦斯防治监理工作计划和实施细则,配置专职瓦斯监理工程师和专职瓦斯及通风监理员,在瓦斯工区施工的全过程中进行全方位的瓦斯防治监理工作,采用旁站监督、巡视检查、见证抽样检测和平行检验等方式进行严格监督管理。

13.1.4 瓦斯隧道开工前必须对施工作业及管理人员进行安全技术培训。爆破员、电工、瓦检员等特种作业人员必须持证上岗。在高瓦斯工区有煤(岩)与瓦斯突出危险区域,必须配备足够的专职防突员,并持证上岗。

13.1.5 瓦斯工区应建立专门机构对“一通三防”、电气设备与作业机械进行管理,并设置消防设施。

13.1.6 瓦斯隧道应制定施工通风、瓦斯检测、施工人员管理等制度,编制事故预防与应急预案,并进行演练。

13.1.7 洞外瓦斯排气管口应高出隧道拱顶10m以上,并应妥善接地,防止雷击,其周围20m内禁止有明火及易燃易爆物品。

13.2 施工通风与瓦斯检测管理

13.2.1 瓦斯工区通风、瓦斯检测应作为瓦斯防治的关键工序,严格过程控制和精细化管理。通风系统设计、调整、维护和管理应坚持“合理布局、优化匹配、防漏降阻、按时巡检、定期测风、严格管理、确保效果”的原则。

13.2.2 瓦斯工区通风和瓦斯检测应配置足够数量的通风和瓦斯检测仪器、仪表,统一管理。投入使用前,应经有国家授权资质的检定单位检定,并取得合格证。每次使用前应按要求进行校对,使用过程中轻拿轻放，加强仪表保护，并定期检定和维护。

13.2.3　瓦斯工区应严格按表9规定的瓦斯浓度实行分级管理，瓦斯浓度超限时应采取相应的瓦斯防治措施。

表9　瓦斯工区安全施工管理等级

安全管理等级	开挖工作面回风流中瓦斯浓度	管理状态	安防措施与作业规定
一	<0.5%	正常	(1)正常施工作业； (2)按程序要求审批焊接等动火作业，瓦检员跟班随时检测动火点附近瓦斯浓度； (3)连续通风
二	0.5%～1.0%	警戒	(1)禁止所有工序作业，按程序及时上报； (2)加强通风或优化通风系统； (3)加强瓦斯检测，调查瓦斯发生源
三	≥1.0%	应急	(1)停工、撤人； (2)断电，切断洞内全部非本质安全型电源； (3)加强通风或优化通风系统； (4)加强瓦斯监测，调查瓦斯发生源； (5)瓦斯浓度进一步升高超过1.5%时，禁止任何非瓦斯专业人员进洞，采取专项安全措施

13.2.4　洞内除施工需要外，严禁长期堆放材料、停放大型机具设备等。瓦斯工区内易于瓦斯积聚的地点，应装设防爆型局部通风机，提高风速，防止瓦斯积聚。

13.2.5　瓦斯工区通风管吊挂必须做到平、直、紧、稳，无破口，防止弯折变形，所有进洞作业人员必须加强风管防护意识，避免机械、材料和衬砌台车等搬移过程中对风管的人为损坏。

13.2.6　发生瓦斯涌出、喷出等异常状况时，应及时采取安防措施。首先考虑杜绝一切可能产生火源的作业，同时尽快撤出施工人员，切断电源，加强通风，对隧道入口进行警戒，进一步制定排放瓦斯的具体安全措施。

13.2.7　瓦斯工区内各作业点应悬挂瓦斯检测和测风记录牌，并及时更新瓦斯和通风数据。

13.2.8　处理瓦斯积聚、瓦斯排放，必须编制专项措施报安全部门和主管领导审批。

13.3　开挖与支护作业管理

13.3.1　瓦斯工区钻孔应采用湿式钻孔，做到先开水、后开风、再送电，打眼结束，应先关风、后关水、再断电，降低粉尘。当作业工区内粉尘浓度超标时，应采取喷雾降尘等措施。

13.3.2　瓦斯工区隧道施工宜采用台阶法开挖，光面爆破，严格控制超欠挖，当围岩软弱时可采用机械法开挖，应及时喷混凝土封闭围岩以减少瓦斯逸出。

13.3.3　穿越瓦斯地层地段超前地质探测钻孔应进行单一工序作业。钻孔过程中，应有1名专职瓦检员全过程跟班作业，对钻孔内及开挖工作面附近的瓦斯进行随时检测，并做好瓦斯检测记录。钻孔过程中应加强工作面及回风流中瓦斯浓度检测，当工作面瓦斯浓度达到1.0%时，应立即撤人，切断电源，加强通风。

13.3.4　瓦斯工区爆破管理应按以下要求执行：

a)　爆破作业应严格遵守有关安全爆破的规定；

b)　所有接触爆炸材料的人员，均应穿棉质或抗静电衣服；

c)　打眼、装药、封泥和放炮应符合有关规定，严禁采用明火放炮；

d) 炮眼装药后应用水炮泥和黏土炮泥封孔,避免产生爆破火花;

e) 放炮前工作面不装药的钻眼应用封泥全孔堵塞;

f) 严格执行“一炮三检”制度。放炮员、瓦检员、安全员应同时检查瓦斯,放炮地点附近20m以内风流中瓦斯浓度超过0.5%时,严禁装药和放炮;

g) 放炮后必须严格控制通风排烟、排放瓦斯时间,由专职瓦检员、放炮员和安全员进入工作面进行瓦斯检测和验炮工作。瓦斯浓度低于安全标准,确认无异常情况后解除警戒、送电并允许人员进洞作业。

13.3.5 为避免挖掘机和装载机械在操作过程中产生摩擦火花,出渣前和出渣过程中应对渣堆分层进行高压喷雾洒水,同时运输道路洒水保持湿润,减少装渣和运输过程中的扬尘。

13.3.6 瓦斯工区支护与衬砌作业应遵守下列规定:

a) 加强超前支护。采用超前锚杆(或超前小导管)单液(或双液)注浆,加固围岩,固化煤体,堵塞岩体裂隙,减少或阻止瓦斯溢出。

b) 严格控制锚喷支护工序。开挖后应首先进行初喷混凝土作业,封闭围岩,减少瓦斯溢出。锚杆支护应紧跟工作面,严禁空顶作业。围岩破碎时必须超前支护。

c) 严格焊接等动火作业审批程序。当遇特殊情况必须采用电焊、气焊或喷灯作业时,应按动火审批程序和动火管理制度严格管理,加强瓦斯监控,并采取安全措施。

d) 仰拱应整幅分层浇筑。仰拱混凝土应纵向分段、全幅整体浇筑,一次成型,严禁左右分幅施工。仰拱和仰拱填充应分两道工序作业,填充混凝土在仰拱混凝土终凝后浇筑。

e) 加强施工缝和变形缝防气处理。瓦斯工区衬砌施工缝、变形缝处的中埋式止水带、背贴式止水带或止水条等防渗措施,应严格按设计文件和有关施工规范规定施工,位置准确,固定牢靠。

f) 二次衬砌台车及施工机具等物体阻塞进、回风断面面积不得大于1/3。

13.4 塌方处理

13.4.1 瓦斯隧道塌方处理应遵循“先治理瓦斯、后处理坍方”的原则。在作业前,应先对瓦斯进行处理,待塌方区域前后20m范围内的瓦斯浓度降至0.5%以下后,方可进行塌方处理。

13.4.2 瓦斯工区处理塌方、冒顶应遵守下列规定:

a) 应有专项排瓦斯方案,确保施工安全;

b) 对塌方体上方聚积的瓦斯应设置局部通风机排除;

c) 加强对塌方地段围岩岩隙瓦斯逸出监测,掌握瓦斯浓度变化,及时发出险情报告;

d) 塌腔宜采用混凝土或注浆回填密实。

13.5 采空区处理

13.5.1 采空区处理应遵循“先探明、后通过”的原则。

13.5.2 隧道在揭穿采空区前,应遵守下列规定。

a) 必须制定探查采空区的安全措施,包括接近采空区必须预留的安全距离和探明水、瓦斯等内容。

b) 应有专项超前预报、探水及排瓦斯方案,确保施工安全。

c) 在揭穿采空区时,必须将人员撤至安全地点。只有经过检查,证明采空区排除涌突水、瓦斯和其他有害气体等危险后,方可恢复施工。

13.5.3 采空区处理应遵守下列规定:

a) 加强对采空区段围岩岩隙瓦斯逸出监测,掌握瓦斯浓度变化,及时发出险情报告。

b) 采空区通过期间应加强监控量测,做好预防塌方、围岩变形的控制措施。

c） 采空区通过后，在二次衬砌施作前应检查以下内容，若存在以下任一情况，均应先采取注浆的办法进行处治，待重新检测合格后方能进行二次衬砌施作：

1） 使用雷达检测仪对初期支护的喷射混凝土进行全覆盖检测，衬砌结构任何部位出现空洞、杂物；

2） 初期支护后存在大于0.5m^3/h的集中渗水点；

3） 喷射混凝土表面有明显裂缝，或大于0.3mm的贯穿性裂缝。

13.6 预防煤与瓦斯突出

13.6.1 瓦斯突出工区开挖工作面进行的煤层超前钻孔探测、突出危险性预测、采取的防突措施和措施效果检验，应分别进行单一工序作业，禁止任何开挖、支护、衬砌浇筑或设备检修等作业。

13.6.2 瓦斯突出工区抽（排）放工作面应设置逃生管道，专职瓦检员、抽放作业人员应佩戴隔离式自救器和矿灯。

13.6.3 采用钻孔抽（排）放瓦斯时，应制定抽（排）瓦斯的安全措施，提高风速和风量，合理控制风流。回风系统内还须停电撤人。工作面风量不足，砂和炮泥等消防设施、灭火器材及安全设施不到位时，严禁钻孔作业。

13.6.4 加强工作面钻孔作业地点的气体监测和检查，只有在瓦斯浓度小于1%时，方可进行作业，严禁瓦斯超限作业。工作面必须悬挂便携式瓦斯、一氧化碳和硫化氢报警仪，随时检查有毒有害气体。专职瓦检员应随时检测瓦斯浓度，掌握煤与瓦斯突出预兆。当发现突出预兆时，瓦检员有权停止工作面作业。

13.6.5 每钻完一个孔，必须由专职人员及时进行封孔，封孔质量应符合封孔要求，无瓦斯泄漏。

13.6.6 钻孔施工中一旦出现冒烟起火等紧急情况，应立即使用灭火器和砂进行灭火，或用炮泥堵塞孔口。当火情严重不能扑灭时，应立即沿预定避灾路线撤离。

13.6.7 瓦斯突出工区揭穿突出煤层钻爆作业时，必须采用洞外远距离爆破，停止洞内一切作业，切断电源，撤出人员，实行洞口警戒等安全防护措施。

13.6.8 发生煤与瓦斯突出后的处理必须由专业矿山救援单位组织实施。

13.7 防治煤层自燃和煤尘爆炸

13.7.1 在具有煤层自燃倾向性和煤尘爆炸性的煤层施工时，应采取湿式钻眼、水炮泥封孔处治措施。

13.7.2 爆破前后、挖掘、装载、运输等产尘环节，应加强通风和洒水等综合防尘、降尘措施。

13.7.3 通过容易发生煤层自燃的地层时，必须对暴露面及时封闭，若有空洞则必须采用阻燃性材料回填密实。

13.7.4 具有煤层自燃倾向性的煤或煤矸石不得作为路基填料。

13.7.5 发生煤层自燃、煤尘爆炸后的处理必须由专业矿山救援单位组织实施。

13.8 消防安全

13.8.1 瓦斯工区消防设施应满足以下要求：

a） 必须在洞外设置消防水池和消防用砂，水池中应保持不少于200m^3的储水量，保持一定的水压；

b） 必须设置消防管路系统，并每隔100m设置一个阀门（消火栓）；

c） 洞内应设置灭火设备或设施，并保持良好状态；

d） 隧道施工或停工期间，消防水池储水充足，管路系统保持完好畅通。

13.8.2 瓦斯工区火源管理要求：

a） 必须严格执行“严禁携带烟火进入隧道”的安全规定。

b） 洞口值班房、通风机房等洞口附近20m范围内不得有火源。

c） 瓦斯工区作业人员进洞前必须经洞口检查人员检查确认无火源带入洞内。

d） 应减少瓦斯工区电焊、气焊、喷灯焊接、切割等工作，当须进行电焊、气焊、喷灯焊接、切割等工作时，必须制定安全措施，并遵守下列规定：

1） 指定专人在现场检查和监督；

2） 工作地点前后两端各10m范围内不得有可燃物，应有专人负责喷水并备有灭火器；

3） 工作地点附近20m风流中瓦斯浓度不得大于0.5%；

4） 工作完成后由专人检查，确认无残火后方可结束作业。

13.8.3 瓦斯工区动火作业安全管理要求：

a） 必须建立隧道内动火作业审批制度，制定动火作业安全技术措施，并组织作业人员学习；

b） 隧道内供风量不足或施焊点周围20m范围内瓦斯浓度大于0.5%时，严禁动火作业；

c） 动火作业点附近必须配备灭火器、消防砂、消防用水等消防器材，瓦检员必须现场跟踪检查动火作业点周围20m范围内的瓦斯浓度。

13.8.4 瓦斯工区易燃品管理要求：

a） 瓦斯工区内不得存放各种油类，废油应及时运出洞外，不得洒在洞内；

b） 瓦斯工区内待用和使用过的棉纱、布头和纸张等，必须存放在密闭的铁桶内，并由专人送到洞外处理。

13.9 施工人员管理

13.9.1 瓦斯隧道必须建立门禁管理系统，进洞人员严禁穿化纤衣服，禁止携带烟草及点火物品、手机、钥匙等违禁物品。

13.9.2 进入煤（岩）与瓦斯突出工区的作业人员必须随身携带隔绝式自救器。

13.9.3 瓦斯隧道各道工序、各种作业施工前，必须对作业人员严格执行安全技术交底制度。

13.9.4 瓦斯工区瓦斯超限、停电、停风时，受影响施工区域必须撤出全部作业人员，出洞后由负责人清点人数。

13.10 电气设备和作业机械管理

13.10.1 安装后的机电设备，应经过外观、防爆性能、操作性能的检查，合格后方可投入使用。

13.10.2 挖掘机、装载机、出渣运输车等作业机车的尾气排放口距离顶、底板及两侧煤层距离应大于0.5m。

13.10.3 机电设备的管理应符合下列安全规定：

a） 防爆电气设备应有煤安标志，其防爆等级应符合要求；对无煤安标志的电气设备，应由具备相应资质的单位进行防爆改装或采取安全措施，测试符合防爆电器的防爆等级要求后方可使用。

b） 瓦斯工区使用的光电测距仪及其他有电源的仪器设备，应采用防爆型；当采用非防爆型时，在仪器设备20m范围内瓦斯浓度应小于0.5%，瓦检员应跟班随时检测瓦斯浓度。

c） 检查或搬迁电气设备、电缆和电线时，不得带电作业。检查或搬迁时，必须切断设备电源，检测瓦斯，保证检查或搬迁作业范围内瓦斯浓度低于1.0%。

d） 采用阻燃抗静电的电缆。

e） 瓦斯工区使用蓄电池车时，应遵守下列规定：

1） 司机离开座位时，必须切断电动机电源；

2） 蓄电池车应定期检查和维修，保证防爆性能良好；

3） 蓄电池车的闸、撒砂装置，任何一项不正常或电气部分失去防爆性能时，不得使用该蓄电池车。

13.10.4 瓦斯工区电气设备操作应遵守下列规定：

a) 非专职人员不得擅自操作电气设备；

b) 操作高压电气设备主回路时，操作人员必须戴绝缘手套，并穿电工绝缘靴或站在绝缘台上；

c) 手持式电气设备的操作手柄和工作中必须接触的部分应有良好绝缘。

13.10.5 瓦斯工区应建立并严格执行停、送电安全管理制度，严禁随意断电、送电操作。因停电、停风、瓦斯超限或远距离放炮等原因而切断洞内电气设备的电源，恢复供电前，必须检测断电或停风区内瓦斯浓度。

13.11 事故应急救援与预案

13.11.1 瓦斯工区施工应加强瓦斯灾害防治与施工安全管理，将连续通风和瓦斯检测作为瓦斯隧道施工中的关键工序进行管理，提高安全意识。

13.11.2 瓦斯工区因检修、设备故障、停电等原因停风时，必须撤出所有人员，切断电源，设置警示标志，禁止人、车辆进入隧道。恢复通风前，必须由瓦检员检测瓦斯。只有当停风区内瓦斯浓度不超过1.0%，且在局部通风机及其开关地点附近10m以内风流中的瓦斯浓度均不超过0.5%时，方可人工启动局部通风机。当停风区内瓦斯浓度超过1.0%但不超过3.0%时，必须采取安全措施，控制风流排放瓦斯。当停风区内瓦斯浓度超过3.0%时，必须制定安全排瓦斯措施，由救护队组织实施。

13.11.3 恢复停工停风的瓦斯隧道，复工前必须制定安全专项技术措施，进行全面的瓦斯浓度检测，应重点检测瓦斯易积聚且风流不易到达的地方，必须事先排除其中积聚的瓦斯，瓦斯浓度降到0.5%以下方可恢复作业。

13.11.4 提前制定事故预防与应急救援预案，按计划配备安全防护用品、应急救援物资及消防设施等；对于煤(岩)与瓦斯突出隧道，应与附近有资质的专业矿山救援单位签订服务协议，按计划组织应急预案演练。

13.11.5 应在瓦斯工区开挖工作面与二次衬砌之间地段设置逃生通道。特长瓦斯隧道应设置避难洞室，并配置相应的设备、器材、物资。

13.11.6 发生瓦斯事故后，建设、监理和施工单位应按照国家有关法律、法规要求，按事故应急救援处理程序进行事故处理。

13.11.7 瓦斯事故一旦发生，必须立即启动瓦斯事故救援预案，尽快探明事故性质、原因、范围、遇险人数、事故发生具体位置以及洞内瓦斯与通风情况，缩小事故范围。启动瓦斯事故救援处理预案应符合下列规定：

a) 应建立明确的应急救援组织机构，分工明确，责任到人，联络通畅，外部救援满足最佳救援时间。

b) 瓦斯工区通风系统图、电气设备配套分布图、每日施工进度计划图表、进洞管理人员和班组人员名单及人数登记表等与事故救援有关的文件、资料，应编制形成正式文件，如发生变动，及时修订，以便为事故抢救提供数据。

c) 发生瓦斯事故，应首先切断通往灾区的电源。

d) 尽快了解事故性质、原因、发生地点及出现的其他情况。

e) 以抢救伤员为主，本着先活后亡、先重后轻、先易后难的原则组织抢救。

f) 救援人员进入灾区应携带安全防护设施、干粉灭火器、甲烷测定器等，进入灾区应首先检测瓦斯气体浓度，经确认瓦斯浓度低于0.5%，无再次爆炸危险后，再深入灾区内部开展救援作业。

g) 发现明火火源必须及时扑灭，以防二次爆炸；确认工区内无火源后，尽快修复通风系统，迅速排除瓦斯爆炸产生的烟雾和有毒有害气体，为救护创造条件。

h) 在条件允许的情况下，应及时清除坑道堵塞物，以便于开展后续救援工作。

i) 救护人员穿过支护结构破坏区段或冒落堵塞区段时，应安排专人架设临时支护，保证人员通行安全。

j) 隧道内一旦发生了瓦斯爆炸事故,应按照事故救援预案通知专业矿山救援单位进行救援,并向有关单位汇报情况。

13.11.8 火灾处理应遵守下列规定:

a) 瓦斯工区发生火灾时,应立即组织人员撤离,启动灭火预案,不得停风,但应论证并控制风向、风量。

b) 电气设备着火时,应首先切断电源。

c) 不能直接灭火时,可设置防火墙封闭火区,并悬挂警示牌。

d) 封闭火区确认火已经熄灭,方可启封。启封已熄灭火区应制定安全措施,逐段恢复通风,加强有害气体检测;发现复燃征兆,须立即停止送风重新封闭火区。

14 质量检验与验收

14.1 质量检验

14.1.1 气密性喷射混凝土和模筑混凝土的质量检验应包括抗压强度及透气系数两项指标。透气系数的检验可采用试件检测,试件检测应每 50m 衬砌制作不少于 1 组(6 块)试件,测试的透气系数应满足设计要求。混凝土透气系数的测定按附录 J 的规定进行。喷射混凝土掺气密剂后,透气系数不应大于 1×10^{-10}cm/s;模筑混凝土掺气密剂后,透气系数不应大于 1×10^{-11}cm/s。

14.1.2 混凝土掺气密剂后施工缝气密性的测试,在混凝土硬化 2 周后,宜采用在位检测法或取芯样检测法抽点检测;每三条施工缝或每 100 延米(纵缝)制作 1 组(6 块)检查试件。施工工艺变化时,另做 1 组。

14.1.3 衬砌结构施工缝应严密平整,不得有蜂窝、空洞、疏松裂缝等现象。衬砌结构施工缝气密性的测试,在混凝土硬化后,宜采用在位检测法检测。二次衬砌施工缝应进行气密处理,其封闭瓦斯性能不应小于衬砌本体。

14.1.4 瓦斯隧道除按以上项目进行质量检验外,其他项目应按《公路工程质量检验评定标准 第一册 土建工程》(JTG F80/1—2017)的规定进行质量检验评定。

14.2 工程验收

14.2.1 瓦斯隧道交付运营前,应对全隧道进行瓦斯检测。

14.2.2 瓦斯隧道竣(交)工验收时,应达到瓦斯设防标准,隧道内任意一处空气中瓦斯浓度不得大于 0.25%。

14.2.3 运营通风设施或设有瓦斯自动监控系统的各项参数应满足设计要求。

14.2.4 瓦斯隧道竣(交)工文件应包括煤层探测素描图、煤层赋存纵断面地质图、揭煤与瓦斯排放图、瓦斯排放管竣工图、瓦斯处理记录及瓦斯隧道施工技术总结等专项资料。

14.2.5 瓦斯隧道除按以上项目进行工程验收外,其他项目应按现行有效的竣(交)工验收规定进行工程验收。

附 录 A
(规范性附录)
煤层瓦斯压力测定方法

A.1 煤层瓦斯压力测定方法

A.1.1 煤层瓦斯压力的测定方法,按测压方式的不同(测压时是否向测压孔内注入补偿气体),可分为主动测压法和被动测压法;按测压钻孔封孔的材料不同,可分为胶囊(胶圈)—密封黏液封孔测压法和注浆封孔测压法。

A.1.2 打设测压孔应遵守下列规定:

a) 在距测压煤层不少于 5m(垂距)的开挖工作面钻孔,孔径一般宜为 65 ~ 95mm,钻孔长度应保证测压所需的封孔深度。

b) 钻孔宜垂直煤层布置。

c) 从钻孔进入煤层开始,应不停钻直至贯穿煤层。然后清除孔内积水和煤(岩)屑,放入一根刚性导气管,立即进行封孔。

d) 在钻孔施工中应准确记录钻孔方位、倾角、长度,钻孔开始见煤长度及钻孔在煤层中的长度,钻孔开钻时间、见煤时间及钻毕时间。

A.1.3 测压钻孔施工完成后,应在 24h 内完成钻孔的封孔工作,在完成封孔工作 24h 后进行测定工作。

A.1.4 采用主动测压时,只在第一次测定时向测压钻孔充入补偿气体,补偿气体的充气压力宜为预计煤层瓦斯压力的 1.5 倍;采用被动测压法时,不进行气体补偿。

A.1.5 采用环形胶圈、黏液或水泥砂浆等封孔测压时,可按下列步骤进行:

a) 在钻孔内插入带有压力表接头的紫铜管,管径为 6 ~ 20mm,长度不小于 7m。岩石硬而无裂隙时封孔长度不宜小于 5m,岩石松软或裂隙发育时应增加封孔长度。

b) 将经炮泥机挤压成型的特制柱状炮泥送入孔内,柱状翻土末端距紫铜管末端 0.2 ~ 0.5m,每次送入 0.3 ~ 0.5m,用堵棍捣实。

c) 每堵 1m 黏土柱打入 1 个木塞,木塞直径小于钻孔直径 10 ~ 15mm。打入木塞时应保护好紫铜管,防止折断。

A.1.6 观测与测定结果的确定:

a) 采用主动测压法时应每天观测一次测定压力表,采用被动测压法时应至少 3d 观测一次测定压力表。

b) 将观测结果绘制在以时间(d)为横坐标、瓦斯压力(MPa)为纵坐标的坐标图上,当观测时间达到规定时,如压力变化在 3d 内小于 0.015MPa,测压工作即可结束;否则,应延长测压时间。

c) 在结束测压工作、拆卸表头时(应制定相应的安全措施),应测量从钻孔中放出的水量,如果钻孔与含水层、溶洞导通,则此测压钻孔作废并按有关规定进行封堵;如果测压钻孔没有与含水层、溶洞导通,则需考虑钻孔水对测定结果的影响进行修正,修正时可根据从钻孔中放出的水量、钻孔参数、封孔参数等进行。

d) 测定结果的确定:

$$p = p_0 + p'$$

式中:

p——测定的煤层瓦斯压力值(MPa);

p_0——测定地点的大气压力值（MPa），大气压力应采用空盒气压计进行测定，空盒气压计应遵循标准 QX/T 26 的相关规定；

p'——测压孔内的煤层瓦斯压力（修正）值（MPa）。

e) 同一测压地点以最高瓦斯压力测定值作为测定结果。

附 录 B
(规范性附录)
煤的破坏类型分类

煤的破坏类型分类参照表 B.1。

表 B.1 煤的破坏类型分类表

破坏类型	光泽	构造及构造特征	节理性质	节理面性质	断口性质	强度
Ⅰ类 (非破坏煤)	亮与半亮	层状构造,块状构造,条带清晰明显	1组或2~3组节理,节理系统发育,有次序	有充填物(方解石),次生面少,节理、劈理面平整	参差阶状,贝状,波浪状	坚硬,用手难以掰开
Ⅱ类 (破坏煤)	亮与半亮	1. 尚未失去层状; 2. 条带明显,有时扭曲,有错动; 3. 不规则块状,多棱角; 4. 有挤压特征	次生节理面多,且不规则,与原生节理呈网状节理	节理面有擦纹、滑皮,节理平整,易掰开	参差多角	用手极易剥成小块,中等硬度
Ⅲ类 (强烈破坏煤)	半亮与半暗	1. 弯曲成透镜状构造; 2. 小片状构造; 3. 细小碎块,层理较紊无次序	节理不清,系统不发达,次生节理密度大	有大量擦痕	参差及粒状	用手捻成粉末,硬度低
Ⅳ类 (粉碎煤)	暗淡	粒状或小颗粒胶结而成,形似天然煤团	节理失去意义,呈黏块状	—	粒状	可捻成粉末,偶尔较硬
Ⅴ类 (全粉煤)	暗淡	1. 土状构造,似土质煤; 2. 如断层泥状	—	—	土状	可捻成粉末,疏松

附 录 C
(规范性附录)
煤的瓦斯放散初速度测定方法

C.1 煤的瓦斯放散初速度测定方法

C.1.1 瓦斯放散初速度(Δp)的测定方法有变容变压式和等容变压式两种,可采用变容变压式测定仪、等容变压式测定仪、试样瓶(容积 5mL)、真空泵、甲烷气源(0.1MPa,纯度 >99.9%)、分样筛(孔径 0.2mm、0.25mm 各一个)、天平(最大称量 100g,感量 0.05g)、漏斗、脱脂棉等仪器设备或用具进行测定。

C.1.2 煤样应在煤层新暴露面上采取,煤样质量为 250g,地面打钻取样时,应取新鲜煤芯 250g。煤样应附有标签,注明采样地点、层位、采样时间等。

C.1.3 制样时应将所采煤样进行粉碎,筛分出粒度为 0.2 ~0.25mm 的煤样。每一煤样取 2 个试样,每个试样质量为 3.5g。

C.1.4 测定时可按下列步骤进行:

a) 将同一煤样的 2 个试样用漏斗分别装入 Δp 测定仪的 2 个试样瓶中;
b) 用真空泵对两个试样脱气 1.5h;
c) 将甲烷瓶与脱气后的试样瓶连接、充气(充气压力为 0.1MPa),使煤样吸附瓦斯 1.5h;
d) 关闭试样瓶和甲烷瓶阀门,使试样瓶与甲烷瓶隔离;
e) 开动真空泵对仪器管道进行脱气,使 U 形管汞真空计两端液面相平;
f) 停止真空泵,关闭仪器固定空间通往真空泵的阀门,打开试样瓶的阀门,使煤样与仪器被抽空的固定空间相连并同时启动秒表计时,10s 时关闭阀门,读出汞柱计两端汞柱差 p_1(mm),45s 时再打开阀门,60s 时关闭阀门,再一次读出汞柱计两端汞柱差 p_2(mm)。

C.1.5 瓦斯放散初速度指标可按下式计算:

$$\Delta p = p_2 - p_1$$

C.1.6 同一煤样的 2 个试样测出 Δp 值之差不应大于 1;当 $\Delta p > 1$ 时,应重新进行测定。

附 录 D
(规范性附录)
煤的坚固性系数测定方法

D.1 煤的坚固性系数测定方法

D.1.1 煤的坚固性系数(f)可采用捣碎筒、计量筒、分样筛(孔径20mm、30mm和0.5mm各一个)、天平(最大称量1000g,感量0.5g)、小锤、漏斗、容器等仪器设备或用具进行测定。

D.1.2 在煤层采样时,应沿新暴露煤层的上、中、下部分别采取块度为10cm左右的煤样各2块;在地面采样时,应沿煤层厚度的上、中、下部分别采取块度为10cm的煤芯各2块。煤样采出后应及时用纸包上并浸蜡封固(或用塑料袋包严),避免风化。

D.1.3 煤样应附标签,注明采样地点、层位、时间等;煤样的携带、运送不得摔碰。

D.1.4 制样时应把煤样用小锤碎制成20~30mm的小块,用孔径为20mm或30mm的筛子筛选;称取制备好的试样50g为1份,每5份为1组,共称取3组。

D.1.5 测定时可按下列步骤进行:

a) 将捣碎筒放置在水泥地板或2cm厚的铁板上,放入一份试样,将2.4kg重锤提到600mm高度,再自由落下冲击试样,每份试样冲击3次,把5份捣碎后的试样装在同一容器中。

b) 将每组(5份)捣碎后的试样一起倒入孔径0.5mm的分样筛中筛分,筛至不再漏下煤粉为止。

c) 将筛下的粉末用漏斗装入计量筒,轻轻敲击使之密实,然后轻轻插入具有刻度的活塞尺与筒内粉末面接触。在计量筒口相平处读取数L(即粉末在计量筒内实际测量高度,读至毫米):

   1) 当$L \geq 30$mm时,每份试样的冲击次数n可定为3次,按以上步骤继续进行其他各组的测定;

   2) 当$L < 30$mm时,第一组试样作废,每份试样的冲击次数n改为5次,按以上步骤进行冲击、筛分和测量,仍以每5份作一组,测定煤粉高度L。

D.1.6 煤的坚固性系数可按下式计算:

$$f = 20n/L$$

式中:

f——坚固性系数;

n——每份试样的冲击次数;

L——每组试样筛下煤粉高度(mm)。

测定平行样3组(每组5份),取算数平均值,计算结果取一位小数。

D.1.7 当取得的煤样粒度不到测定f值所要求的粒度(20~30mm)时,可采取粒度为1~3mm的煤样按上述要求进行测定,并按下式换算:

当$f_{1\sim3} > 0.25$时,

$$f = 1.57f_{1\sim3} - 0.14$$

当$f_{1\sim3} \leq 0.25$时,

$$f = f_{1\sim3}$$

式中:

$f_{1\sim3}$——粒度为1~3mm时煤样的坚固性系数。

附 录 E
(规范性附录)
绝对瓦斯涌出量和测风方法

E.1 绝对瓦斯涌出量和测风方法

E.1.1 瓦斯工区内绝对瓦斯涌出量根据实测通风量与回风流中最大瓦斯浓度计算确定。

E.1.2 瓦斯工区风速测定仪表可采用图 E.1 示机械翼式中速风表(0.5～10m/s)或低速风表(0.3～5m/s),或其他经检验合格的电子叶轮式风表或超声波风速计等。

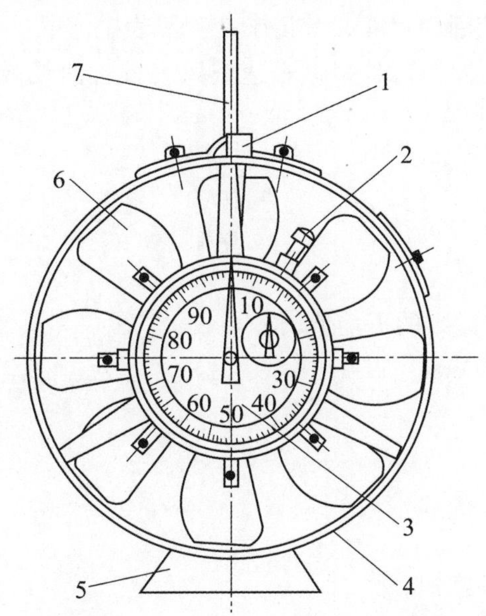

1-开关闸板;2-回零推杆;3-表头;4-外壳;5-底座;6-风轮;7-提环

图 E.1 机械翼式中速风表

E.1.3 送风式通风管的送风口距离掌子面不大于 5m。测风断面可选择在距开挖工作面 10～20m 处的稳定回风流中,测风点及数量可参考图 E.2、图 E.3 确定(将隧道断面分为若干格,每格内测风时间 1min)。当风速较小,无法采用机械风表准确测定风速时,可采用风管出口风速和风管断面积参数计算压入新鲜风量。

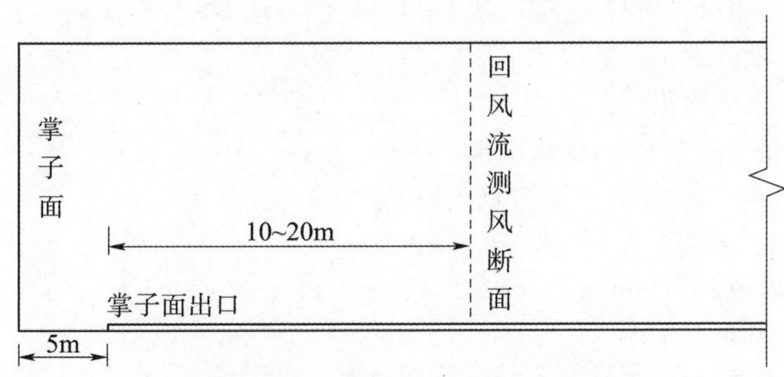

图 E.2 风速测点布置断面图

E.1.4 用机械翼式风表测风时应遵守下列规定:

a) 测风断面前后 10m 内无分支风流、无拐弯、无障碍、断面无变化。测风员进入开挖工作面待测断面处,先估测风速范围,后选用相应量程的风表。

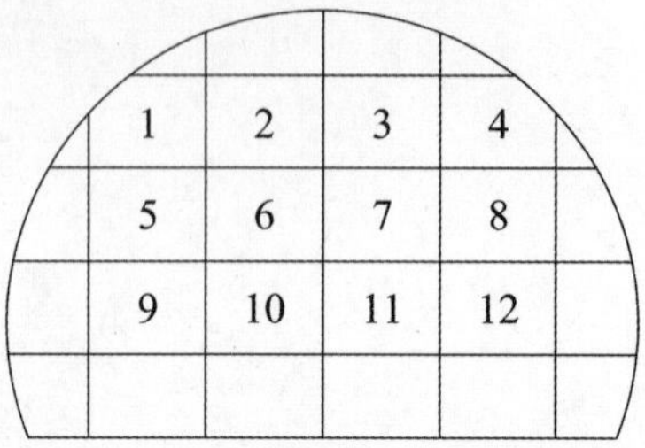

b） 测风方法可选用迎风法或侧身法。采用侧身法时，将风表指针回零，人背向隧道侧壁，伸直手臂，手持风表，与风流方向垂直，并使风表背面正对风流方向，待翼轮转动正常后（20～30s），同时打开风表的计数器和秒表，在断面处每格中的每个点每次测定 1min 的时间，然后关闭秒表和风表，读取风表指针读数（格/min），并记录在表 E.1 中。

c） 测风时，每个测点测风次数不少于 3 次，每次测量误差不应超过 5%，后取 3 次测风结果的平均值（格/min）。如果测量误差大于 5%，应增加 1 次测风。

图 E.3　风速测点示意图

d） 测风结束后，用皮尺或钢尺测量测风断面尺寸，计算测风断面面积。

e） 将测风数据和隧道开挖断面尺寸参数记录在测风表中。

E.1.5　风表表速按式（E.1）进行计算，并根据表速查风表校正曲线或按式（E.2）计算，求出隧道测风断面真风速 $v_{真}$。

$$v_{表}=\frac{n}{t} \tag{E.1}$$

式中：

$v_{表}$——风表表速（格/s）；

n——3 次测风风表刻度盘读数的平均值（格/s）；

t——测风时间（s），一般为 60s。

风表校正曲线表达式为：

$$v_{真}=a+bv_{表} \tag{E.2}$$

式中：

$v_{真}$——真风速（m/s）；

a——表明风表启动初速的常数；

b——校正常数，取决于风表的构造尺寸；

$v_{表}$——风表的指示风速（格/s）。

E.1.6　测风断面实际平均风速，按式（E.3）对真风速 $v_{真}$ 进行校正后确定：

$$v_{均}=kv_{真} \tag{E.3}$$

式中：

$v_{均}$——测风断面实际平均风速（m/s）；

$v_{真}$——真风速（m/s）；

k——修正系数，与测风方法有关，迎风法 $k=1.14$，侧身法 $k=(S-0.4)/s$；

S——测风断面面积（m^2）；

0.4——测风员阻挡风流面积（m^2）。

E.1.7　隧道断面通风量，按式（E.4）计算确定：

$$Q=S\times v_{均}\times 60 \tag{E.4}$$

式中：

Q——隧道断面通风量（m^3/min）；

S——隧道断面面积（m^2）；

$v_{均}$——隧道内平均风速（m/s）。

E.1.8　开挖工作面附近瓦斯浓度的测定应遵守下列规定：

a） 测量瓦斯一定要在瓦斯工区风流范围内进行。工区内风流划定的范围：对于模板台车处，是指距支架和巷底各为 50mm 的断面空间；对于无支架或用锚喷支护、已衬砌段，距拱顶、侧壁、底板各为 200mm 的断面空间。

b） 开挖工作面附近瓦斯检测断面位置可按图 E.4 确定，检测点可按图 E.5 确定，但应重点在隧道风流的上部即拱顶部位进行。

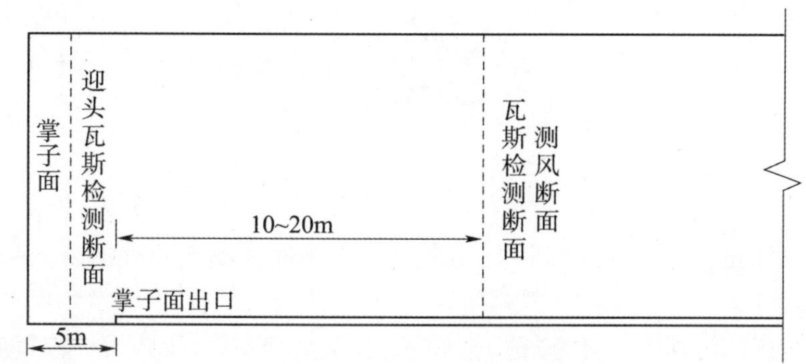

图 E.4 瓦斯检测断面位置

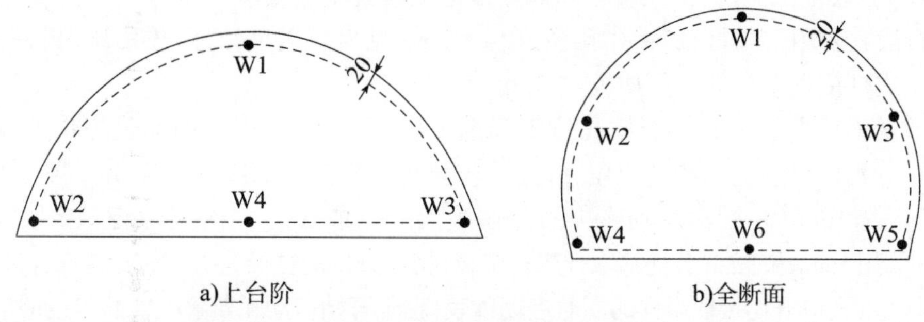

图 E.5 瓦斯检测点示意图（尺寸单位：cm）

c） 每个测点处的瓦斯浓度应连续检测 3 次，取其平均值；

d） 测风断面必须同时测定瓦斯浓度；

e） 以开挖工作面附近及稳定回风流中测定的最大瓦斯浓度值作为该断面处的瓦斯浓度；

f） 将瓦斯检测记录表中最大瓦斯浓度登记在表 E.1 中。

表 E.1 施工阶段瓦斯工区鉴定报表

隧道名称： 工区： 日期： 年 月 日

序号	实测最大瓦斯浓度	断面尺寸（m）		测点断面面积（m^2）	风表读数（r/min）				实际风速（m/s）	计算风量（m^3/min）	计算瓦斯绝对涌出量（m^3/min）
	CH_4	宽度	高度		第一次	第二次	第三次	平均			
1											
2											
3											
…											
分析及结论：											
测风：			记录：			计算：			审核：		

E.1.9 瓦斯工区瓦斯绝对涌出量根据隧道实际通风量和实测最大瓦斯浓度按式（E.5）计算确定：

$$Q_{CH_4} = Q \times \overline{\omega} \tag{E.5}$$

式中：

Q_{CH_4}——瓦斯工区瓦斯绝对涌出量（m^3/min）；

Q——隧道断面通风量（m^3/min）；

$\overline{\omega}$——工作面迎头及回风流中实测最大瓦斯浓度（%）。

附 录 F
(规范性附录)
钻屑指标法

F.1 钻屑指标法

F.1.1 采用钻屑指标法进行工作面煤(岩)与瓦斯突出危险性预测或防突措施效果检验时,钻屑量可用质量法或容量法测定:

a) 质量法:在钻孔钻进到煤层时,每钻1m钻孔,收集全部钻屑,用弹簧秤称量质量;

b) 容量法:在钻孔钻进到煤层时,每钻1m钻孔,收集全部钻屑,用量具测量钻屑体积。

F.1.2 预测或措施效果检验时,钻孔布置和取样工艺应符合下列要求:

a) 在岩石段宜采用湿式打钻,钻孔孔径50~75mm,见煤后退出钻杆,先用压风将孔内泥浆吹净,再用干式打钻直至见到煤层顶板或底板。

b) 钻孔数量不得少于3个,1个钻孔位于开挖工作面中部,沿工作面前进方向略偏上布置,另2个钻孔分别位于左上角和右上角,终孔点应位于工作面轮廓线外上部5m、两侧3m以外。

c) 各钻孔每隔1m取1个煤样测定钻屑瓦斯解吸指标 K_1 或 Δh_2。当钻孔钻至预定取样深度前0.2~0.3m时,用1mm和3mm分样筛取样进行筛分,将筛分好的粒径为1~3mm的煤样装入煤样杯或煤样瓶中。在孔口开始接取煤样的同时启动秒表,直至开始启动瓦斯解吸仪测量的时间间隔 t_0。t_0 应满足瓦斯解吸仪给定的要求,测定 K_1 指标时要求 $t_0 \leq 2\text{min}$,测定 Δh_2 指标时要求 $t_0 = 3\text{min}$。

d) 在钻孔钻至离预定取样深度小于0.5m至接取煤样结束前不允许停钻,否则该煤样作废。打钻过程中,应保持钻进速度稳定,钻进速度保持在1m/min左右;同时保持钻进方位、倾角一致,平稳钻进,以免孔壁煤样混入。

F.1.3 钻屑瓦斯解吸指标 K_1 的测定可按下列步骤进行:

a) 将筛分好的粒径为1~3mm的煤样装入瓦斯解吸仪的煤样杯口齐平位置。

b) 将已装煤样的煤样杯置于煤样罐中,盖好煤样罐盖,转动阀门使煤样与大气连通。

c) 秒表计时到时间 t_0,转动阀门使煤样罐与测量系统连通,与大气隔绝,启动仪器;5min后按仪器提示输入钻孔长度 L、时间 t_0。仪器屏幕显示则为 K_1,单位为 $\text{cm}^3/\text{g} \cdot \text{min}^{1/2}$。

F.1.4 钻屑瓦斯解吸指标 Δh_2 的测定可按下列步骤进行:

a) 将筛分好的粒径为1~3mm的煤样装入瓦斯解吸仪的煤样瓶刻度线齐平位置。

b) 将已装煤样的煤样瓶迅速装入瓦斯解吸仪测量室,拧紧测量室上盖,然后打开三通阀,使解吸测量室与大气、水柱计均连通,同时打开单通旋塞,使仪器室处于暴露状态,同时观察秒表读数。

c) 秒表计时到3min时转动三通阀,使煤样瓶与测量系统连通,与大气隔绝,秒表计时到5min时瓦斯解吸仪的示值即为 Δh_2,单位为Pa。

F.1.5 钻屑瓦斯解吸指标 K_1 和 Δh_2 预测煤层突出危险性临界值应符合表F.1规定。

表F.1 钻屑瓦斯解吸指标 K_1 和 Δh_2 预测煤层突出危险性临界值

煤 样	指标临界值	
	Δh_2(Pa)	K_1($\text{cm}^3/\text{g} \cdot \text{min}^{1/2}$)
干煤样	200	0.5
湿煤样	160	0.4

F.1.6 钻屑指标法的具体操作步骤和要求可参考《钻屑瓦斯解吸指标测定方法》(AQ/T 1065)及《防治煤与瓦斯突出规定》第七十三条和第七十五条相关规定。

附 录 G
(规范性附录)
钻孔瓦斯涌出初速度测定方法

G.1 钻孔瓦斯涌出初速度测定方法

G.1.1 钻孔瓦斯涌出初速度的测定,可采用1.2kW电煤钻、直径42mm麻花钻杆10m、镀锌白铁皮水桶、弹簧秤(量程25kg)、初速度测定装置、水银温度计(0~50℃)、管钳、秒表、高压气枪、煤气表等仪器设备。

G.1.2 测试过程中,当钻孔进入煤层后,应换电煤钻钻孔,并启动秒表计时,钻进速度宜控制在1m/min左右,每钻完1m煤孔后,应立即撤出钻杆,插入钻孔瓦斯涌出初速度测定装置。在2min后开始读取瓦斯涌出量值,然后关闭通向煤气表的阀门,读出压力表上显示的瞬间解吸压力值。在测定瓦斯涌出量前,测定K_1值的煤样采集与钻粉量的收集应一并完成。当钻孔瓦斯涌出量大于6L/min时,在5min后应继续读取1min瓦斯涌出量并计算衰减系数,当衰减系数$\alpha \leqslant 0.65$时,煤层有突出危险。

G.1.3 钻孔速度应严格控制,钻杆拖动排煤粉时,必须控制孔径扩大。

G.1.4 孔位应选在排放孔之间或瓦斯排放空白区煤层的软分层中。

G.1.5 钻杆进尺应有明确的标记,接煤粉的容器应保证煤粉能够全部进入容器内。

G.1.6 初速度测定装置的封孔压力必须保持0.25MPa,保证封孔严密,初速度测试结果准确。

G.1.7 初速度测定装置各段连接处,应配有胶垫,保证气密性。测试管胶端的小孔应通畅无阻,应避免煤粉堵塞小孔造成涌出量降低。

G.1.8 钻孔瓦斯涌出初速度测定方法的具体操作步骤和要求可参考《钻孔瓦斯涌出初速度的测定方法》(MT/T 639)和《防治煤与瓦斯突出规定》第七十六条相关规定。

附 录 H
(规范性附录)
瓦斯自动监控报警与断电系统

H.1 瓦斯自动监控报警与断电系统

H.1.1 系统工作原理及组成

H.1.1.1 工作原理

H.1.1.1.1 系统由监控中心站、分站、输入与输出设备构成。监控中心站与分站之间通信,接收分站内的信息,可以对分站发出指令。对接收的信息进行处理、显示、报警。通过外围设备可以将信息进行打印、上传、发送等。分站接收由输入设备采集到的信号,通过逻辑变换,输出控制信号,通过断电器对控制对象进行通、断电控制。系统原理如图 H.1 所示。

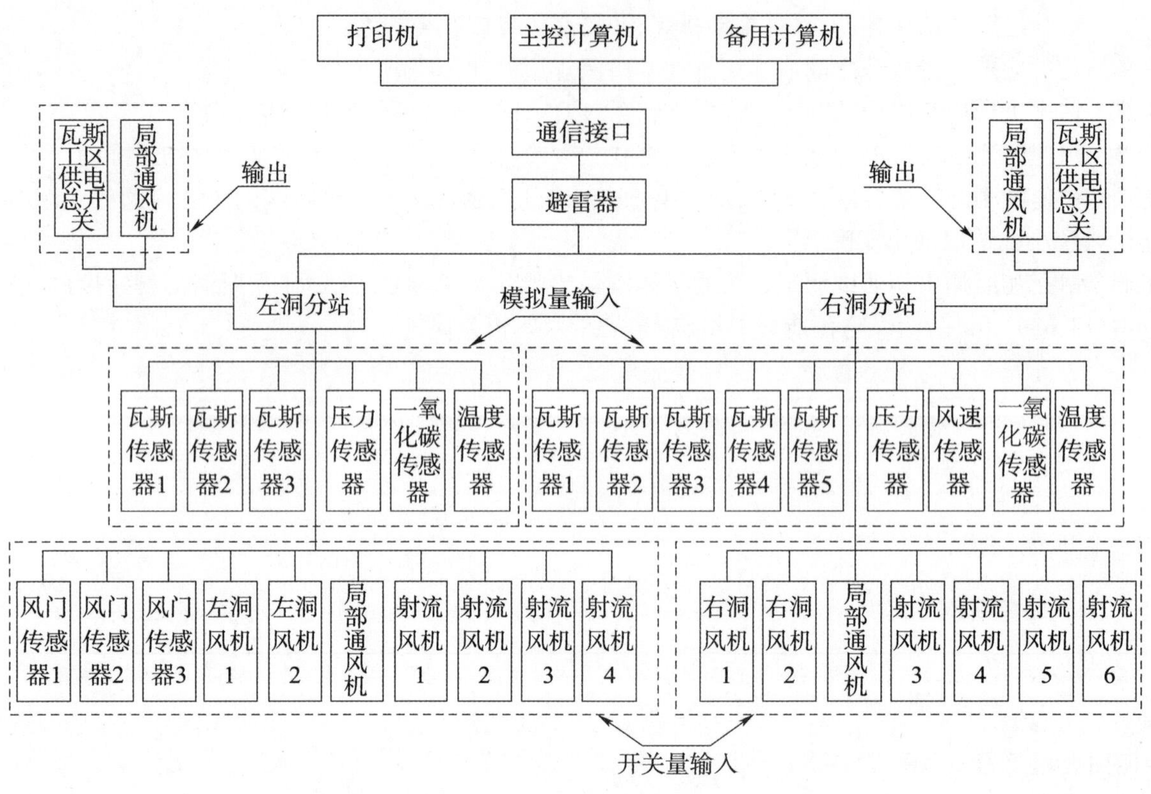

图 H.1 瓦斯自动监控报警与断电系统原理图

H.1.1.1.2 系统通过在洞内安装的瓦斯传感器、风速传感器、一氧化碳传感器、烟雾传感器等测定洞内瓦斯参数,并将此信息回馈主控计算机分析处理,对洞内瓦斯、风速、风量和主要风机实施风电瓦斯闭锁及风量控制,瓦斯超标自动进行洞内传感器和洞外监控中心声光报警,再通过设备开停传感器、馈电断电器对被控设备自动断电。系统可及时准确地对洞内各工作面的瓦斯状况进行 24h 全方位监控。

H.1.1.2 组成

系统包括主控计算机、洞内分站、高浓度瓦斯传感器、低浓度瓦斯传感器、风速传感器、远程断电仪、报警器、设备电源和备用电源、电缆、防雷设施等。

H.1.2 传感器的布置

a) 瓦斯传感器:在开挖工作面迎头及距开挖工作面 20m 回风流处、模板台车前后、横通道、巷道式通风的回风巷、局部通风机附近、错车带、洞内变压器集中安设处或机电设备洞室的进风侧,应设置瓦斯传感器。

b) 风速传感器:安装在距开挖工作面 20m 回风流处、防水板台车处、已衬砌地段回风流处、巷道式通风回风巷等主要测风站。

c) 一氧化碳传感器、温度传感器:在煤层易自燃或有煤尘爆炸危险的瓦斯工区地段,应设置一氧化碳传感器和温度传感器。模板台车前应布置温度传感器。

d) 设备开停传感器、馈电状态传感器:瓦斯工区使用的主通风机、局部通风机应设置设备开停传感器。主要风门应设置风门传感器。被控设备开关的负荷侧应设置馈电状态传感器。

e) 根据传感器的数量及种类按控制要求,配置远程断电仪。

f) 在满足上述要求的情况下,结合工程实际情况可调整或增加各种传感器的种类和数量。

H.1.3 系统安装

H.1.3.1 洞口主控计算机监控中心

洞口主控计算机监控中心机房设置在隧道进口、出口安全位置处,机房基本环境应符合《电子计算机场地通用规范》(GB 28872)的要求,在动力、温度、防尘、防静电、防雷击等方面采取措施满足相应的指标要求。机房设专用配电箱,使用前对电源进线进行检测,满足供电电压和频率偏移要求。采用双路两级稳压电压供电,第一级为交流稳压器供一台 UPS 及其他计算机外设;第二级为 UPS,其输出主要供主控计算机,UPS 供电时间不少于 10min。

H.1.3.2 洞内分站

分站应安装在系统维护人员易于观察、调试、检修、维护的位置,同时应远离可燃物、杂物等,无滴水积水、方便安装。洞内分站安装时垫支架,支架间距距离地面不小于 300mm 并可靠接地,接地电阻小于 2Ω。设专用配电箱,使用前对电源进线进行检测,分站电源箱所接入的动力电缆及控制电缆,应与所配密封圈相匹配。接线端子与外接电压等级应相符。

H.1.3.3 瓦斯断电仪和瓦斯风电闭锁装置

装设瓦斯断电仪和瓦斯风电闭锁装置的监控系统,远程断电使用 1.5mm^2 电缆,分站到被控开关的距离应小于 30m,被控开关应使用磁力防爆开关,严禁使用 DW 系列开关。在断电安装完成后,应在隧道内用 1% 的标准气样检测是否正常断电。独立的声光报警箱悬挂位置应满足报警声能让附近的人听到的要求。

H.1.3.4 阻燃专用传输电缆

监控中心机房到工区内的通信电缆应选用铠装电缆、不延燃橡套电缆或矿用塑料电缆。各设备之间的连接电缆需加长或分支连接时,被连接电缆的芯线盒,应用螺钉压接,不得采用电缆芯线导体直接搭接或绕接。接线盒应使用防爆型。电缆线多路同向延伸布设时,可将其绑扎成束,固定在隧道洞壁上,支撑点间距不得大于 3m,与电力电缆的间距不得小于 0.5m,以防电磁干扰。

H.1.3.5 传感器

所有传感器的安装应充分考虑吊点、支撑及卡固强度、传感器接线走向及固定等。安设点应保证传感器位于系统维护人员易于观察、调试、检修、维护的位置，传感器前后无障碍物，并确保安装点无滴水、积水。

a） 甲烷传感器宜自由悬挂在拱顶以下20cm处，其迎风流和背风流0.5m内不得有阻挡物。悬挂处支护良好，无滴水，走台架过程等不会损坏传感器。工作面迎头安装的瓦斯传感器距离工作面不大于5m。洞口瓦斯传感器距离洞口10～15m。用于监测局部通风机进风流的瓦斯传感器除满足上述要求外，还应考虑安装在典型的进风流中。

b） 风速传感器安装在主要测风站处，安装点前后10m内无分支风流，无拐弯，无障碍，断面无变化，能准确检测和计算测风断面平均风速、风量的位置。隧道拱顶应干燥，无明显淋水，不影响行人和行车。传感器探头风流指向与风流方向应一致，偏角不得大于5°。传感器吊挂时必须固定，不得左右摇摆。

c） 一氧化碳传感器、温度传感器及压力传感器应垂直悬挂在隧道拱顶上部，并不影响行人和行车，方便安装、维护工作。

d） 对设风门的瓦斯工区，应安装风门传感器，在满足上述通用要求的基础上，根据风门的结构现场固定。

e） 设备开、停传感器主要用于监测瓦斯工区内机电设备（如主风机、局部通风机、水泵等）的开停状态。安装时将本安电源及输出信号与系统电源及信号输入口对应接线正确，在负荷电缆上按传感器调整要求寻找合适的位置卡固好传感器即可正常工作。

H.1.4 瓦斯监测传感器布置和自动断电仪的报警设置

H.1.4.1 巷道式通风时，瓦斯自动监控报警与断电系统中的瓦斯监测传感器布置可按图H.2进行。

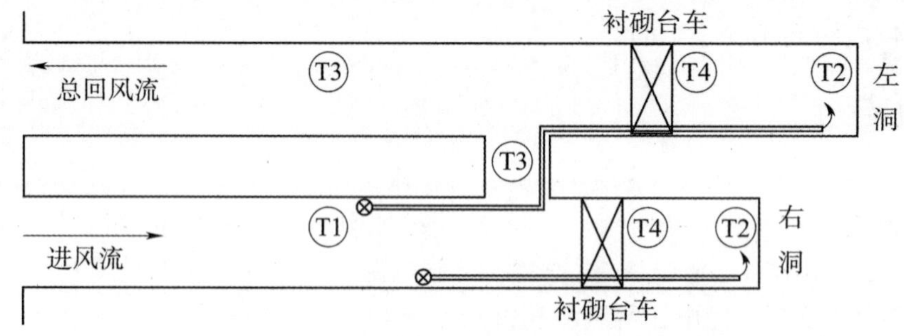

⊗-局部通风机；Ⓣ1～Ⓣ4-瓦斯监测传感器

图H.2 巷道式通风瓦斯监测传感器布置图

断电浓度：T1≥0.5%；
T2≥1.0%；
T3≥1.0%；
T4≥1.0%。

断电范围：T1，局部通风机及其供风坑道中的全部电气设备；
T2，开挖工作面及其附近20m内全部电气设备；
T3，总回风道中及开挖工作面和进风道中全部电气设备；
T4，二次衬砌台车至开挖工作面之间的全部电气设备。

H.1.4.2 压入式通风时，瓦斯自动监控报警与断电系统中的瓦斯监测传感器布置可按图H.3进行。

断电浓度：T1≥1.0%；
T2≥1.0%；
T3≥1.0%。

断电范围：T1，开挖工作面及其附近 20m 内全部电气设备；

T2，二次衬砌台车至开挖工作面之间的全部电气设备；

T3，已衬砌地段的全部电气设备。

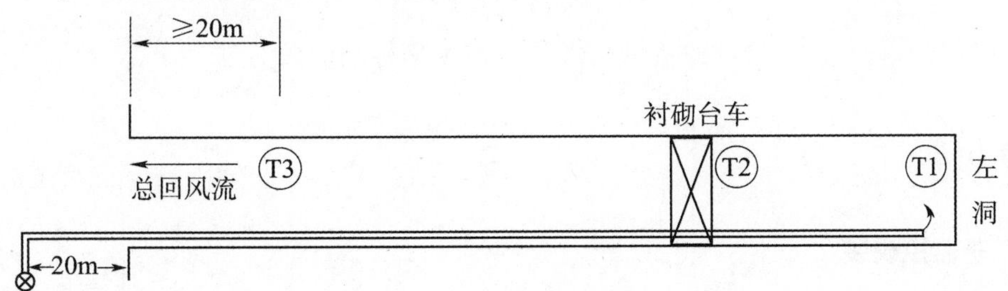

⊗-局部通风机；T1~T3-瓦斯监测传感器

图 H.3 压入式通风瓦斯监测传感器布置图

H.1.5 系统验收、维护和管理

H.1.5.1 瓦斯自动监控报警与断电系统应由具有国家授权生产资质的单位提供，并负责系统的安装、调试、验收、维护等工作，符合国家有关瓦斯监测监控标准及技术相关要求。

H.1.5.2 瓦斯工区施工期间，应成立专门的瓦斯自动监控报警与断电系统使用、维护及维修中心，配备一定经安全培训并考核合格的监控人员。

H.1.5.3 系统安装后应进行验收，每月对该系统进行定期检查、校正。甲烷传感器等采用载体催化元件的检测元件，每 7d 应使用校准气样和空气样调校一次。每 7d 应对甲烷超限断电功能进行测试。

附 录 I
(规范性附录)
行走作业机械防爆改装技术指标与验收方法

I.1 防爆改装方法

I.1.1 车载瓦斯监控改装

通过在施工车辆上加装通过防爆或煤安认证的监控设备,实时监测车辆工作环境的易爆危险气体浓度,当易爆气体浓度达到报警限值时,监控设备发出声光报警,提示车辆驾驶人员及时停止作业,待查明环境实际情况,工作环境不具危险时,再启动设备恢复工作。若环境危险气体浓度快速上升,达到断电限值时,监控设备会在首次检测到报警时刻开始延迟一定时间(10~30s)后自动输出控制信号,强制停止车辆工作,断开车辆的所有供电线路,车辆将无法启动作业,监控设备使用自带本安电源持续工作。当环境危险气体参数浓度降至安全限值后,监控设备自动解锁车辆供电,车辆可重新启动作业。

I.1.2 电气隔爆改装

按照车辆原有的电气线路原理及功能,使用一系列防爆组件或设备对车辆进行全范围的改装,这些改装内容涉及蓄电池、发电机、启动器(点火装置)、用电设备(如照明指示灯具、喇叭、音箱、收音机、点烟器、空调设备等)、发热部件、排气口等。改装后的设备本身即具备防爆能力,可在有危险易爆气体的场合工作。

I.1.3 综合防爆改装

安装车载瓦斯监控,同时进行车辆电气隔爆改装,达到更全面可靠的防爆性能。

I.2 防爆改装技术要求

I.2.1 车载瓦斯监控改装

I.2.1.1 一般要求

监控系统中的设备应符合有关标准及各自企业产品标准的规定,满足在可爆炸性气体环境下使用的基本要求。

I.2.1.2 环境条件

I.2.1.2.1 系统中用于驾驶室的设备,应能在下列条件下正常工作:

a) 环境温度:0~40℃;

b) 相对湿度:40%~70%;

c) 温度变化率:小于10℃/h,且不得结露;

d) 大气压力:80~106kPa。

I.2.1.2.2 系统中安装在车身外部的设备,应能在下列条件下正常工作:

a) 环境温度:0~50℃;

b) 平均相对湿度:不大于95%(25℃);

c) 大气压力:80~106kPa;

d） 有爆炸气体混合物；

e） 有较强的振动和冲击，无破坏绝缘的腐蚀性气体。

I.2.1.3 供电电源

监控设备应采用独立直流电源供电。

——额定电压：12/24V，允许偏差 ±10%；

——供电电流：不大于 4A/12V 或 2A/24V。

I.2.1.4 系统设计要求

I.2.1.4.1 系统组成

系统一般由配置主机、控制分站、参数检测传感器、执行器（含断电器、声光报警器）、电源箱、电缆、接线盒及其他必要设备组成。

I.2.1.4.2 硬件

a） 配置主机一般采用便携式计算机，具备 USB 接口，可与控制分站进行通信，设置控制参数。主机采用当时主流技术的通用产品，并满足可靠性、可维护性、开放性和可扩展性等要求。

b） 控制分站具备现场自主控制功能，控制参数通过配置主机设置后存储在分站存储器内，掉电后配置不会丢失。控制分站的稳定性应不小于 15d。

c） 传感器的稳定性应不小于 15d。

d） 执行器的稳定性应不小于 15d。

e） 电源箱应可持续地对系统满负荷供电，时间不少于 8h。

f） 电缆采用阻燃抗高温电缆。

g） 监控设备能在 9～26V 范围内正常工作。

I.2.1.4.3 软件

具有可视化的人机软件界面，软件可靠性高、开放性好、易操作、易维护、安全、成熟，软件应有详细的汉字说明和汉字操作指南。

I.2.1.5 基本功能

I.2.1.5.1 数据采集

系统必须具有甲烷浓度、一氧化碳浓度、二氧化碳浓度、氧气浓度及温度等模拟量采集、存储和显示功能。

I.2.1.5.2 控制

系统必须由现场设备完成甲烷浓度超限声光报警和断电/复电控制功能：

a） 检测气体浓度达到或超过报警浓度时，声光报警。

b） 检测气体浓度达到或超过断电浓度时，切断被控设备电源并闭锁；检测气体浓度低于复电浓度时，自动解锁。

c） 检测气体浓度达到或超过熄火控制浓度时，向执行器输出熄火控制信号并闭锁；检测气体浓度低于复电浓度时，自动解锁。

I.2.1.5.3 显示功能

控制分站具有状态指示灯和显示屏，可显示当前的工作状态及检测参数。

I.2.1.6 技术指标

I.2.1.6.1 监测参数类型：甲烷 CH_4（0～100%）、氧气 O_2（0～25%）、一氧化碳 CO（0～2000ppm）、二氧化碳 CO_2（0～5%）、温度 t（0～150℃）等。

I.2.1.6.2　防爆类型:矿用本安或隔爆(ExdI,ExiaI,ExibI)。

I.2.1.6.3　气体浓度检测反应时间:t_{CH_4}≤35s,t_{CO_2}≤30s,t_{CO}≤30s,t_{O_2}≤30s,$t_{温度}$≤10s(水中)。

I.2.1.6.4　控制执行时间:≤1s。

I.2.1.6.5　控制分站通道数:≥4。

I.2.1.6.6　供电电压:直流12V或24V。

I.2.1.6.7　供电方式:本安电池供电。

I.2.1.6.8　报警方式:声光报警,1m处声强不低于80dB,光感应范围≥2m。

I.2.2　电气隔爆改装

I.2.2.1　结构

I.2.2.1.1　改装车辆结构参数设计合理,充分考虑隧道内使用的特殊环境,外延、外露部件要充分考虑受围岩或支架物撞击的情况。可开式口(孔)的结构和位置应避免煤与围岩的散落造成堵塞及损坏。车辆应尽可能设置减振系统。

I.2.2.1.2　改装车辆上防爆柴油机排放气体时,排放孔应避免朝向驾驶室。

I.2.2.1.3　改装车辆运载松散装备或材料,运载工具上应加装固定装置。车辆采用自卸式时,货箱举升和回落时间不得超过30s。

I.2.2.1.4　用于运送人员的改装车辆,应有安全带或其他牢固的依托物,并应设置顶棚。

I.2.2.1.5　改装车辆装配悬挂系或摆动物体,要加装固定装置,以防物体和车轮接触。

I.2.2.1.6　改装车辆在额定载荷下最小离地间隙应大于160mm。

I.2.2.1.7　改装车辆在设计的最大坡道(纵向或横向)上运行时,冷却水箱和冷却净化水箱水位应不低于设定的最低水位。

I.2.2.1.8　改装车辆在运行和维修期间,可能受到撞击的零部件,均不允许使用轻金属制造。其他非金属材料的零部件,应采用表面电阻值不小于$1\times10^9\Omega$的阻燃性材料制造。

I.2.2.2　驾驶室

I.2.2.2.1　改装车辆驾驶室应坚固,结构合理,具有良好的视野,高度应能满足驾驶员佩戴安全帽工作的要求,座椅应符合人体舒适的要求,驾驶员工作空间内不应有尖锐物或角状物。

I.2.2.2.2　改装车辆各显示仪表应设在驾驶员易于观察的位置,各控制部件应设在驾驶室内,操作方便、动作明确,符合要求和习惯。

I.2.2.2.3　驾驶室开门应为外开式(侧向驾驶除外)。如果不设车门,则应设置活动栅栏或其他安全设施。

I.2.2.2.4　驾驶室如配防风玻璃,玻璃窗应使用安全玻璃或其他具有同等效力的材料。

I.2.2.2.5　在驾驶室内驾驶员正常工作的显著位置,应设置警示牌,警示内容主要包括行车时的警告事项、紧急情况下所应采取的相应措施、必要的操作提示等。

I.2.2.2.6　自动保护装置的显示仪应安装在驾驶员正常工作的显著位置。

I.2.2.3　操纵系统

I.2.2.3.1　改装车辆的离合操纵机构、换挡机构、加速踏板等应操作灵活可靠,转向机构应使改装车辆在最小转弯半径转向时操作灵活。车辆采用动力转向的,其转向动力源应取自柴油机本身,使柴油机一启动就有转向动力源,不受其他操作系统影响。

I.2.2.3.2　改装车辆设有两个驾驶室(双向驾驶)及双套控制装置时,两套控制装置应为互锁。但紧急制动装置、停车制动装置及自动灭火系统不受互锁限制。

I.2.2.3.3　改装车辆的运行速度不得超过设计规定值。

I.2.2.4　消防装置

I.2.2.4.1　改装车辆应配置自动灭火系统或便携式灭火器等消防装置。便携式灭火器应能方便地从改装车辆两侧取出使用。

I.2.2.4.2　改装车辆的动力矿用防爆柴油机的功率超过70kW(含70kW)时,应配备车载灭火器或至少两台便携式灭火器。

I.2.2.4.3　车载灭火系统启动,则防爆柴油机应能自动熄灭。

I.2.2.5　自动保护装置

I.2.2.5.1　改装车辆应设置自动保护装置,在监控参数出现异常情况时,能及时发出报警信号并能使改装车辆动力系统停止运转。

I.2.2.5.2　改装车辆若采用单缸类矿用防爆柴油机,当出现下列情况之一时,自动保护装置应能及时发出声光报警信号,其声光信号应使驾驶员能够清晰辨别,并在报警后1min内使改装车辆动力系统停止运转:

a）排气温度最高至70℃时;

b）表面温度最高至150℃时;

c）冷却水位(蒸发冷却)低至设定最低水位或冷却水温度(强制冷却)最高至95℃或设计值时;

d）冷却水净化箱水位低至设定最低水位时;

e）机油压力低至设定最低压力时。

I.2.2.6　照明及信号

I.2.2.6.1　改装车辆应在运行前方安装照明灯,尾部设置红色信号灯。

I.2.2.6.2　设有两个驾驶室(双向驾驶)的改装车辆,照明、信号系统应为复式。

I.2.2.6.3　改装车辆如装配倒车灯,倒车时,应有视听警示信号。

I.2.2.6.4　改装车辆运行方向的照明灯,应使改装车辆前方20m处至少有4lx的照明度。尾部红色信号灯能见距离至少60m。

I.2.2.7　警声装置

改装车辆应安装警铃等警声装置。在距离改装车辆40m处,警声装置的声压值应不小于70dB。

I.2.3　综合防爆改装

分别执行车载瓦斯监控改装和电气隔爆改装的技术要求。

I.3　防爆改装验收检测方法

I.3.1　车载瓦斯监控改装

I.3.1.1　单位及产品资质检测

改装施工单位应提供企业营业执照、第三方机构出具的产品检验合格证书(如安标证、防爆合格证)、相关行业的从业资质证书、成功案例证明资料等。

I.3.1.2　技术方案评审

改装施工单位应根据项目实际情况提供详细合理的改装技术方案,方案至少满足前述的基本要求。

改装方案经建设单位、设计单位、监理单位、项目部等多方专家评审通过后方可实施。

I.3.1.3 改装性能检测

I.3.1.3.1 试运行

车辆改装完毕后交由施工方在现场试用至少5d,运行期间故障率不得大于5%。

I.3.1.3.2 现场实测

试运行期结束后,组织专家至现场实测改装后的性能。改装后的车辆动力特性不得受到影响,且必须实现以下基本功能:

a) 通信及配置功能。监控分站可通过配置主机进行参数修改设置,并保存在分站内,重新供电后能自动恢复设置。
b) 检测功能。监控系统可以检测车辆工作周边环境的气体参数,必须包括但不限于甲烷气体浓度。
c) 显示功能。监控系统控制分站能实时显示所检测到的气体浓度参数,并通过发光指示灯指示出系统的工作状态及故障提示。
d) 报警功能。当检测参数超过设定的报警限值时,系统能发出声光报警提示,报警提示在施工环境噪声下应清晰可辨。
e) 熄火控制功能。当检测参数超过设定的熄火限值时,系统能通过执行器控制车辆熄火并闭锁,车辆不能重启动。当检测参数低于熄火恢复值时,车辆方可再次启动。
f) 断电功能。当检测参数超过设定的断电限值时,系统能通过执行器断开车辆的供电电源并闭锁。当检测参数低于断电恢复值时,系统自动解锁,车辆恢复供电。

I.3.2 电气隔爆改装

I.3.2.1 单位及产品资质检测

改装施工单位应提供企业营业执照、第三方机构出具的产品检验合格证书(如安标证、防爆合格证)、相关行业的从业资质证书、成功案例证明资料等。

I.3.2.2 技术方案评审

改装施工单位应根据项目实际情况提供详细合理的改装技术方案,方案至少满足前述的基本要求。改装方案经建设单位、设计单位、监理单位、项目部等多方专家评审通过后方可实施。

I.3.2.3 改装性能检测

I.3.2.3.1 试运行

车辆改装完毕后交由施工单位在现场试用至少5d,运行期间故障率不得大于5%。

I.3.2.3.2 现场实测

试运行期结束后,组织专家至现场实测改装后的性能。具体指标如下:

a) 车辆整体结构。改装后车辆的整体结构应合理,不影响驾驶人员的日常操作。车辆的高度、宽度不得超出规定的尺寸。
b) 车辆的动力特性。改装后的车辆载重量不得低于原车辆的80%,自重不得大于原车辆的20%。烟气排放不得低于原车排放标准。
c) 自动保护功能。改装后的车辆在出现以下一种或几种情况时,最多延时1min即能自动熄火保护:排气温度最高至70℃时,表面温度最高至150℃时,冷却水位(蒸发冷却)低至设定最低水位或冷却水温度(强制冷却)最高至95℃或设计值时,冷却水净化箱水位低至设定最低水位时,机油压力低至设定最低压力时。

d) 照明指示功能。照明指示灯必须满足技术要求。

e) 警音提示功能。当车辆出现故障时,报警器能发出声音提示,声压值范围必须满足 40m 外不低于 70dB 的要求。

I.3.3 综合防爆改装

按上述 I.3.1 和 I.3.2 的方法综合检测分别验收。

附 录 J
(规范性附录)
气密性混凝土透气系数测定方法

J.1 气密性混凝土透气系数测定方法

J.1.1 测定混凝土的透气系数应在恒定气压下进行。

J.1.2 测定混凝土的透气系数可采用下列设备及材料：

a) 透气系数测定仪：可借用 HS-40 型混凝土抗渗仪进行改装。

b) 空气压缩机：工作压力 1.2 ~ 1.4MPa，排气量 0.3m^3/min。

c) 气体量测装置：测量精度不低于 0.1mL。

d) 压力机或其他加压装置。

e) 电烘箱、电炉及钢丝刷等。

f) 密封材料：石蜡、多功能胶、环氧黏结剂、沥青等。

J.1.3 模筑混凝土试件制作应符合下列要求：

a) 试件尺寸可按混凝土抗渗试件制备，宜为上径 175mm、下径 185mm、高 150mm 的圆台体。

b) 试件成型后应在 24h 后拆模，可用钢丝刷清除两端面水泥浆膜，并在标准养护室养护，或与构件同条件养护至 28d，继续室内气干 14 ~ 28d，当试件湿度与大气湿度平衡后，方可进行透气性测试。

J.1.4 模拟施工缝混凝土试件制作应符合下列要求：

a) 试件尺寸：同模筑试件。

b) 试件制备：在混凝土抗渗试模中，事先放置用木材或其他材料制成的半块圆锥台体，侧面涂刷隔离剂备用；将施工用的模筑混凝土拌合物浇入抗渗试模的另一半空模中，振动捣实，24h 后拆模，将试件与模筑混凝土同条件养护，至再次浇筑模筑混凝土前，将其置于试模中并在侧面(新旧混凝土交接面)做接缝处理且涂喷界面黏结剂(处理方法及黏结剂同施工缝)；30min 内将模筑混凝土浇入抗渗模的另一半空模中，振动捣实，48h 后用钢丝刷清除试件表面水泥浆膜，小心拆模；试件与模筑混凝土同条件下养护至 28d，继续室内气干 14 ~ 28d 后，方可进行透气性测试。

J.1.5 喷射混凝土试件制作应符合下列要求：

a) 试件尺寸：可从喷射混凝土大板中切取尺寸为 100mm × 100mm × 100mm 的立方体试件，或钻取直径 110 ~ 130mm、高 100mm 的试件，一组 6 块。

b) 试件养护条件与喷射混凝土相同，28d 后取出，继续室内气干 14 ~ 28d，当试件湿度与大气湿度平衡后，方可进行透气性测试。

J.1.6 采用下进气法测试(适用于圆锥台体标准抗渗试件)透气性时，应符合下列要求：

a) 将气干试件的侧面用熔化状态的密封材料均匀滚涂一层涂膜。

b) 用压力机或其他加压装置将涂有密封材料的试件压入预热(50℃)过的抗渗试模内，使试件与试模底面压平，待试模稍冷后解除压力，取下试件。

c) 将密封好的试件安装在渗透仪上，加压至最大压力检查密封的气密性，确认密封无漏气后即可开始测试，如图 J.1a)所示。

d) 测试压力可根据需要确定，从 0.3MPa 开始，经稳压 6h 后，开始测读透气量(精确至 0.1mL)，一般每隔 0.5h 测读一次，直到连续两次的透气量读数差不大于平均值的 +10% 时止，其两次透气量的平均值，即为试件的 0.5h 透气量。若透气量很大，也可按透气量达到某一固定值时所经历的时间进行控制，连续两次的经历时间读数差，也应控制在平均值的 +10% 内，取其平均值作为该试件的透气时间，计算出在该测试压力下单位时间的透气量。然后继续提高压力,稳压6h后,继续测试。

e) 在透气量测读过程中发现透气量不正常,突然增大时,卸压后应重新检查其密封情况,必要时需重新测定。

J.1.7 采用上进气法测试(适用于非标准圆锥台体抗渗试件)透气性时,应符合下列要求:

a) 试件密封:除规定的透气面外,试件的其他暴露面均需密封,密封剂可采用多功能耐磨胶、环氧树脂等。密封剂一般涂刷2~3遍,试件表面应平整无油污及浮渣等妨碍黏结的杂物,并用有机溶剂清洗。待第一道密封剂固化后,可用砂纸将表面打毛,用有机溶剂擦净之后继续涂刷第二遍。

b) 试件与抗渗仪底座密封:在试件与抗渗仪底座间设置金属过渡环,用环氧树脂将试件与金属环、金属环与抗渗仪底座粘牢,防止漏气,待环氧树脂固化后,即可加上抗渗仪的钢套并密封,送气测试,如图J.1b)所示。

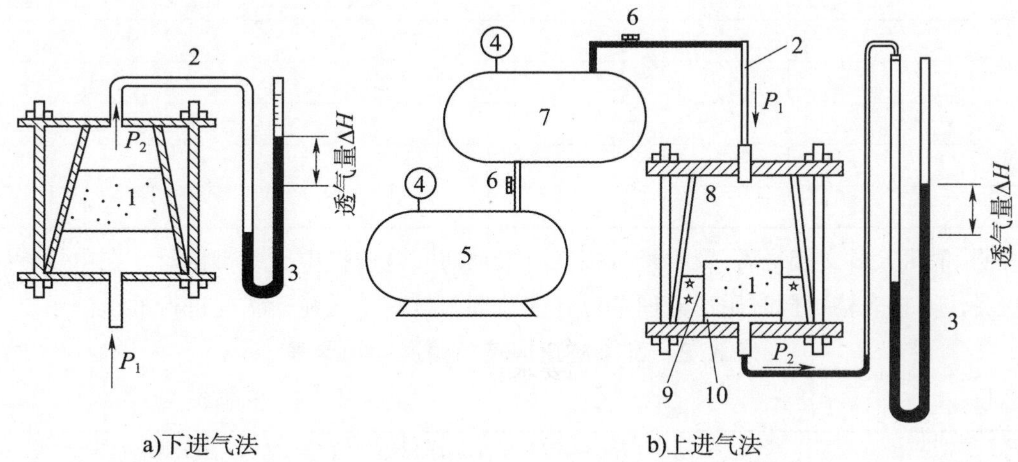

1-试件;2-胶管;3-U形透气量仪;4-气压表;5-空气压缩机;6-气阀;7-恒压容器;8-气压室;9-密封涂层;10-钢环

图J.1 透气系数测试装置示意图

c) 透气量测定:可按下进气法透气性测试步骤进行。

d) 试件密封检查:为检查试件及试件、钢环、底座间的密封性,待透气测读完成后,应在钢套与试件周围注入清水继续加压至气压最大值,经24h后检查透气通道中有无水流出,在卸压并放出清水后,再仔细检查试件、钢环、底座间有无渗水,试件本身有无透水痕迹。当无渗透水痕迹时,表明密封良好,透气量测定有效,否则试件应重新烘干密封测试。

J.1.8 混凝土透气系数可从每组6块试件的透气量测试中,舍去最大值和最小值,取中间4块试件的透气量平均值作为该组试件的透气量,按式(J.1)计算其透气系数。

$$K = \frac{2LP_2\gamma_a}{P_1^2 - P_2^2} \times \frac{Q}{A} \times 10^{-2} \tag{J.1}$$

式中:

K——透气系数(cm/s);

L——试件厚度(cm);

P_1——施压一侧气体压力(MPa);

P_2——测流一侧气体压力(MPa);

A——透气面积(cm^2);

Q——平均单位时间透气量(cm^3/s);

γ_a——空气重度,取$1.205 \times 10^{-5} N/cm^3$。

附 录 K

（资料性附录）

瓦斯隧道施工管理表格

本附录中列出的瓦斯隧道安全管理表格可根据需要进行格式上的适当修改，对现场瓦斯安全管理需要而未列入的管理表格，可根据需要设计补充。

表 K.1 瓦斯检测日报表

隧道名称： 工区： 日期： 年 月 日

检测时间	桩号/检测部位	班 次	作业内容	CH_4浓度（%）	CO_2浓度（%）	瓦检员（驻地监理人员）

填表说明：值班人员交接班后，及时将日报表上报瓦斯安全监控中心进行比对。在甲烷传感器布设位置应进行备注。该表格可同时用于监理单位驻地监理人员对工区瓦斯状况进行抽检记录。

表 K.2 瓦斯隧道风速风量原始记录表

隧道名称： 工区： 资料编号：

序号	桩号/检测部位	时间	测风处断面面积（m^2）	每次测定风表读数（r/min）				真实风速（m/s）	风量（m^3/min）
				第一次	第二次	第三次	平均		
1									
2									
3									
4									
问题描述（含通风系统巡视情况）： 测风人员签字：					处理意见： 技术负责人签字：				

填表说明：通风管理人员每日对工作面风流、工作面回风流、二次衬砌模板台车前后、距离洞口20m处断面回风流及其他作业点处风速巡检一次。检测结果及时上报工区技术负责人，发现问题及时处理。该表格可同时用于监理单位驻地监理人员对工区通风系统进行抽检记录。

表 K.3 瓦斯隧道测风平行检验表

隧道名称： 工区： 资料编号：

洞口风机型号、功率等参数								测风时主风机挡位			
序号	实测最大瓦斯浓度（%）	回风断面尺寸（m）		检测断面面积（m^2）	风表读数（r/min）				实际风速（m/s）	计算风量（m^3/min）	计算绝对瓦斯涌出量（m^3/min）
		宽度	高度		第一次	第二次	第三次	平均			
1											
2											

续上表

洞口风机型号、功率等参数								测风时主风机挡位			
序号	实测最大瓦斯浓度（%）	回风断面尺寸（m）		检测断面面积（m^2）	风表读数（r/min）				实际风速（m/s）	计算风量（m^3/min）	计算绝对瓦斯涌出量（m^3/min）
		宽度	高度		第一次	第二次	第三次	平均			
3											
4											
…											
监理单位平行检验结论（通风风速和风量、最小风速是否满足要求）： 驻地监理工程师： 驻地总监：											

填表说明：该表格由监理单位配置测风、瓦检仪表独立完成。测风平行检验工作每10d进行一次。可测风管出口风速代替测风断面风速检测来计算风量。最小风速测试宜分别在工作面回风流、二次衬砌台车前、已衬砌段回风流断面处进行。

表 K.4 瓦斯隧道“一炮三检”记录表

隧道名称： 工区： 资料编号：

日期	班次	放炮地点	装药前			放炮前			放炮后			瓦检员签字	爆破员签字	安全员签字
			时间	CH_4	CO_2	时间	CH_4	CO_2	时间	CH_4	CO_2			

表 K.5 瓦斯隧道安全监控系统运行记录表

隧道名称： 工区： 资料编号：

日　期	值班班次	监控设备运行情况	瓦斯超限地点、浓度及持续时间	超限上报人员	瓦斯超限处理情况	值班人员

填表说明：时间格式按24h制填写，精确至分钟；班次填写早、中、晚；监控员值班期间应认真填写此表，发现瓦斯超限必须上报，并明确上报人员；工区技术负责人负责对瓦斯超限情况进行处理。

表 K.6　瓦斯隧道监控员(瓦检员、通风员)交接班记录表

隧道名称：　　　　　　　　　　工区：　　　　　　　　　　资料编号：

序号	监控设备运行情况(工区内瓦检情况或通风系统运行情况)	交班人	接班人	交班时间

填表说明：交接班人员认真填写此表，监控中心负责人(工区技术负责人)监督落实。

表 K.7　光学瓦斯检测仪与甲烷传感器对照表

隧道名称：　　　　　　　　　　工区：　　　　　　　　　　资料编号：

序号	瓦斯传感器安装位置	时　间	光学瓦检仪测定值	瓦斯传感器监控值	误　差　值	比 对 结 果
1						
2						
3						
…						
存在问题						
处理措施						
监控员签字： 日期				瓦检员签字： 日期		
系统安装维护人员签字： 日期				工区技术负责人签字： 日期		

填表说明：监控员负责该表格的填写和数据对比分析，人工检测数据由瓦检员确认，位置由系统安装和维护人员确认，比对结果由工区技术负责人审核。

表 K.8　安全监控系统巡检记录

隧道名称：　　　　　　　　　　工区：　　　　　　　　　　资料编号：

年　月　日	班次		巡检人	
巡检线路及地点				
发现问题及隐患				
处理结果				
备注				

表 K.9　甲烷传感器调试记录表

隧道名称：　　　　　　　　　　工区：　　　　　　　　　　资料编号：

安装地点							电源开关	
报警值	≥	断电值	≥	复电值	<	被控开关		
安装负责人			断电范围					
调试日期	就地显示	空气样	标气浓度	通气示值	回显数值	校正值	调试人	断电状态

表 K.10　瓦斯超限处理记录表

隧道名称：　　　　　　　　　　工区：　　　　　　　　　　资料编号：

时　　间	超 限 浓 度	原 因 分 析	发现超限时间	恢复安全时间	超限时长	处理措施	记录人

填表说明：本表格由技术员负责填写完成。

表 K.11　瓦斯隧道电气防爆设备失爆检查记录表

隧道名称：　　　　　　　　　　工区：　　　　　　　　　　资料编号：

序　　号	设 备 名 称	设 备 编 号	检 查 情 况	处 理 情 况	检　查　人	检 查 日 期

填表说明：本表格由专业电气工程师或电工完成。

表 K.12　瓦斯隧道“两闭锁”检测记录表

隧道名称：　　　　　　　　　　　　工区：　　　　　　　　　　　　资料编号：

序　号	闭锁事项	检测方式	检测情况	处理情况	检测人员	检查日期

填表说明：本表格由专业电气工程师或电工完成。

表 K.13　瓦斯隧道电焊施工申请表

隧道名称：　　　　　　　　　　　　工区：　　　　　　　　　　　　资料编号：

<table>
<tr><td>施焊日期</td><td colspan="2"></td><td>施焊部位</td><td colspan="2"></td></tr>
<tr><td>施焊班组</td><td></td><td>施焊人</td><td></td><td>证件号</td><td></td></tr>
<tr><td>瓦检员</td><td></td><td>证件号</td><td></td><td>施焊时间段</td><td></td></tr>
<tr><td>施工内容
（原因）</td><td colspan="5">申请人：　　　　　　日期：</td></tr>
<tr><td>现场技术员意见</td><td colspan="5">签字：　　　　　　日期：</td></tr>
<tr><td>现场安全员意见</td><td colspan="5">签字：　　　　　　日期：</td></tr>
<tr><td>工区技术负责人意见</td><td colspan="5">签字：　　　　　　日期：</td></tr>
<tr><td>驻地监理工程师意见</td><td colspan="5">签字：　　　　　　日期：</td></tr>
</table>

填表说明：瓦检员、安全员、技术员应落实焊接过程中瓦斯检测和安全措施。技术负责人和监理工程师应加强现场检查和监督。

表 K.14　瓦斯隧道钻爆作业安全检查记录表

隧道名称：　　　　　　瓦斯工区等级：　　　　　　资料编号：

本次钻爆桩号部位：　　　　　　日期：　年　月　日

序号	检 查 内 容	检 查 结 果	责 任 人	签 名
1	超前钻孔起讫桩号		技术员	
2	钻屑指标分析许掘距离(m)		防突员	
3	钻眼前瓦斯浓度(%)		瓦检员	
4	钻眼个数(个)		班组长	
5	钻眼深度(m)		班组长	
6	领用炸药质量(kg)		安全员	
7	领用雷管数量(发)		安全员	
8	装药前瓦斯浓度(%)(爆破一检)		瓦检员	
9	实际装药质量(kg)		爆破员	
10	实际领用雷管数量(发)		爆破员	
11	雷管脚线连接方式		安全员	
12	炮孔是否正确堵塞		安全员	
13	装药后瓦斯浓度(%)(爆破二检)		瓦检员	
14	起爆方式		爆破员	
15	撤出洞内全部人员数量(人)		安全员	
16	洞口警戒(50m 无人,熄灭火源)		安全员	
17	起爆时间	时　分	爆破员	
18	持续通风时间(min)		安全员	
19	炮后进洞安全检查时间	时　分	瓦检员	
20	爆破通风后瓦斯浓度(%)(爆破三检)		瓦检员	
21	瓦检员下达作业口令	允许□;不允许□ 时　分	瓦检员	
22	班组长接到允许作业口令进洞作业		安全员 班组长	

填表说明:每次爆破均需按实际情况填写。本表流程执行完成后由安全员保存,过程中依次传递责任人。表中不适用项,用“/”标识。

表 K.15　瓦斯隧道安全日常检查记录表

隧道名称：　　　　　　瓦斯工区等级：　　　　　　资料编号：

序号	检 查 事 项	桩号/部位	检查情况描述
1	洞口 20m 范围内是否存在火源		
2	洞口人员登记、检查记录		
3	是否穿着易产生静电的服装进洞		
4	进洞人员是否存在携带香烟、火机或手机进洞的情况		
5	是否按规定携带甲烷检测报警仪等仪表		
6	个人防护用品		
7	洞内灭火器等消防设施		

续上表

序号	检 查 事 项	桩号/部位	检查情况描述
8	通风机运行情况,通风筒是否顺直、漏风,距离掌子面距离等		
9	各作业点甲烷等传感器吊挂是否符合要求		
10	焊接动火安全措施是否到位		
11	“一炮三检”制的落实情况		
12	洞内电缆		
13	真空电磁启动器		
14	检漏继电器		
15	防爆插销		
16	真空馈电开关		
17	综合保护装置		
18	隔爆型母线盒		
19	照明灯具		
20	安全监控线路		
21	台车运行情况		
22	人员遵章守纪情况		
23	排班管理		
24	CH_4(%)		
25	CO_2(%)		
26	风速(m/s)		

安全员: 日期: 技术负责人: 日期:

填表说明:本表格可用于监理单位对瓦斯隧道施工的日常检查和监督使用。

表 K.16 瓦斯隧道超前地质预报探孔施工原始记录表

隧道名称: 工区: 资料编号:

<table>
<tr><td colspan="3">桩号:</td><td colspan="4">钻孔编号:</td><td colspan="3">施钻日期时间:</td></tr>
<tr><td colspan="10">钻孔布置示意简图:</td></tr>
<tr><td colspan="10">钻孔柱状剖面图:</td></tr>
<tr><td colspan="2">进尺(m)</td><td rowspan="2">煤层深度(m)</td><td rowspan="2">岩性描述</td><td rowspan="2">岩芯轴夹角(°)</td><td rowspan="2">裂隙发育程度</td><td rowspan="2">地下水位情况(m)</td><td rowspan="2">围岩级别</td><td rowspan="2">超前地质预报验证及说明</td><td rowspan="2">备注</td></tr>
<tr><td>自</td><td>至</td></tr>
<tr><td></td><td></td><td></td><td></td><td></td><td></td><td></td><td></td><td></td><td></td></tr>
</table>

现场记录: 技术员: 监理工程师: 日期:

表 K.17　超前钻探孔原始班报表

隧道名称：　　　工区：　　　桩号部位：___年_月_日_时至___年_月_日_时　　　距中心_____m　　　孔号：

累计钻进次数	本次钻具全长（m）	使用钻杆长度（m）	孔深（m）		进尺（m）	岩芯长度（m）	累计岩芯长度（m）	残留岩芯记录			采取率（%）	岩芯编号		钻头规格	钻头种类	换径深度（m）	备注
			自	至				钻头空位	石子是否卡紧	残留岩芯长度（m）		自	至				
地质编录																	

钻孔负责人：　　　现场技术员：　　　监理工程师：　　　日期：

填表说明：本表格适用于揭穿具有突出危险性的煤层。

表 K.18　瓦斯压力测定原始记录表

隧道名称：　　　　　　　　　工区：　　　　　　　　　　资料编号：

煤层			测压地点、里程号			
依据标准						
测试所用仪器设备	序号	名称	规格型号	数量	精度	备注

测压钻孔施工记录										
孔号	方位（°）	倾角（°）	长度（m）	岩孔长度（m）	煤孔长度（m）	封孔长度（m）	开钻时间（min）	钻毕时间（min）	封孔时间（min）	备注

瓦斯压力测定记录							
时间(d)	压力(MPa)	记录人	备注	时间(d)	压力(MPa)	记录人	备注

测定人：　　　　　　　核定人：　　　　　　监理工程师：　　　　　　日期：

填表说明：本表格适用于突出煤层的危险性预测。

表 K.19　瓦斯排放孔(抽放孔)钻孔记录表

隧道名称：　　　　　工区：　　　　　桩号/部位：　　　　　资料编号：

孔　号	方位角(°)	倾角(°)	孔深(m)	孔径(mm)	钻孔描述
钻孔布置图					

钻孔：　　　　　记录：　　　　　监理工程师：　　　　　日期：

填表说明：本表格适用于高瓦斯地层钻孔排放或突出煤层抽放钻孔。

表 K.20　瓦斯隧道瓦斯抽放参数测定记录表

隧道名称：　　　　　工区：　　　　　资料编号：

日期	地点	孔号	浓度(%)	负压(Pa)	压差(Pa)	温度(℃)	气压(Pa)	混合量(m^3/min)	纯量(m^3/min)	标准量(m^3/min)	测定人	备注

填表说明：本表格适用于突出煤层瓦斯抽放。

表 K.21　瓦斯隧道抽放瓦斯泵房值班记录表

隧道名称：　　　　　　　　工区：　　　　　　　　资料编号：

检查时间	抽放瓦斯系统					抽放瓦斯泵房			记录人
	瓦斯浓度（%）	负压（mmHg）	孔板压差（mmHg）	流量（m^3/min）	泵轴温度（℃）	气压（Pa）	瓦斯浓度（%）	室内温度（℃）	

填表说明：本表格适用于突出煤层瓦斯抽放。

表 K.22　瓦斯隧道瓦斯抽放日报表

隧道名称：　　　　　　　　工区：　　　　　　　　资料编号：

序号	日期	煤层或煤层组编号	负压（mmHg）	瓦斯浓度（%）	温度（℃）	混合瓦斯量（m^3/min）	纯瓦斯量（m^3/min）	日抽放量 M_0（m^3）	抽放时间（h）	备注
1										
2										
3										
4										
5										
6										
7										
8										
9										
10										
最大										
最小										
平均										
累计抽放量 M						m^3	累计抽放时间		d	

工区长：　　　　　　　　技术员：　　　　　　　　记录人：

填表说明：本表格适用于突出煤层瓦斯抽放。

表 K.23　瓦斯隧道瓦斯抽放量月报表

隧道名称：　　　　　　　　　工区：　　　　　　　　　资料编号：

月份	泵号	运转时间	负压 (mmHg)		压差 (Pa)		平均流量 (m^3/min)		累计抽放量 M (m^3/月)	
			最大	最小	最大	最小	混合量	纯量	混合量	纯量
各月累计抽放纯量 M'：　　m^3										

工区长：　　　　　　　　　技术员：　　　　　　　　　记录人：

填表说明：本表格适用于突出煤层瓦斯抽放。

表 K.24　瓦斯隧道瓦斯泵停开时间记录表

隧道名称：　　　　　　　　　工区：　　　　　　　　　资料编号：

序　　号	开 泵 时 间	停 泵 时 间	共计开泵时间	记 录 日 期	记　录　人	备　　注

工区长：　　　　　　　　　技术员：　　　　　　　　　记录人：

填表说明：本表格适用于突出煤层瓦斯抽放。

表 K.25 防突措施效果检验报表

隧道名称：　　　　　　工区：　　　　　　资料编号：

部门			检验部位								检验部位					
孔号	方位 (°)	倾角 (°)	孔深 (m)	项目	钻孔深度(m)											
					1	2	3	4	5	6	7	8	9	10	11	12
				A 煤(kg/m)												
				K_1												
				A 煤(kg/m)												
				K_1												
				A 煤(kg/m)												
				K_1												
钻孔布置图									综合分析		防突员：					
工区长意见 同意掘进长度			监理意见 同意掘进长度						现场技术员 签收							

填表说明：本表格适用于突出煤层瓦斯抽放。此表应在检测现场如实填写，当 K_1 指标达到 0.5 时，应及时采取措施，防止煤与瓦斯突出。

附件：

公路瓦斯隧道施工技术规范

DB 50/T 962—2019

条文说明

4 总则

4.3 在勘察设计阶段,有时对瓦斯、煤层进行准确的分析评价困难较大,因此施工期间需要根据相关测试数据以及相关检测参数对瓦斯及煤层进行动态确认核实,当出现与原设计不符的情况时,应及时修正。

4.4 以往瓦斯隧道施工实践表明,发生瓦斯灾害或事故,除地质原因和技术手段的局限外,大多是由于管理制度的缺陷和制度管理的松懈所致。因此,强化管理制度建设、严格制度执行管理是防止瓦斯灾害的一大关键。

4.5 瓦斯隧道的施工不同于非瓦斯隧道,包括施工通风、供配电方案、瓦斯监控系统、防爆改装的施工设备、防爆的电气设备、救生专用设施设备等安全技术措施均与非瓦斯隧道有别。在施工过程中,开展隧道瓦斯等级、突出危险性鉴定等均需要有资质的单位进行。《爆破安全规程》(GB 6722—2014)规定:煤矿井下爆破作业,必须使用煤矿许用炸药和煤矿许用雷管,不应使用导爆管或普通导爆索。而揭煤防突工程措施更有别于一般隧道施工措施,煤与瓦斯突出的隧道尚需引入专业防突队伍进行揭煤防突的施工;防突消突需采用多种综合措施以适应瓦斯隧道施工要求,防突效果检验更需要多循环反复进行。这些措施、规定和要求,使得瓦斯隧道工程费用组成与非瓦斯隧道有较大差别,工效大为降低,成本增加。

《煤矿安全规程》(2016 年版)第十一条规定:煤矿企业在编制生产建设长远发展规划和年度生产建设计划时,必须编制安全技术与职业病危害防治发展规划和安全技术措施计划。安全技术措施与职业病危害防治所需费用、材料和设备等必须列入企业财务、供应计划。

故这类费用应计入预算,并实行动态、专款专用的管理制度,此乃防治瓦斯危害的基础。

5 一般规定

5.2 严格执行《公路工程施工安全技术规范》(JTG F90—2015)有关“危险性较大的工程”的相关施工管理规定。

5.3 对于瓦斯隧道,强调一般地质预报与瓦斯预报并举,这两部分工作不能相互替代,但可相互借鉴、印证。

5.4 瓦斯工区等级的不同,直接影响着施工安全设防等级和施工组织管理。由于煤层与瓦斯赋存状态的复杂性,勘察阶段勘测和钻探所提供的资料一般难以完全、准确查明隧道穿越的煤层赋存特征、瓦斯含量、瓦斯压力、瓦斯涌出形式及影响瓦斯赋存的小构造、地下水、围岩级别等信息,且瓦斯预测和推算方法目前也不尽完善,所以施工阶段通过预测、预报进一步评定瓦斯工区等级是一项重要的工作。为了确保瓦斯工区等级评定结果的有效性,该工作可委托具有相关资质的机构进行。

5.5 瓦斯隧道施工应遵循“先探后掘”的原则,穿越含瓦斯地层时需要在隧道内进一步采取超前预测预报工作,探测地层中煤层走向、倾向、厚度以及瓦斯浓度,根据以往瓦斯隧道的施工地质工作经验,超前钻探法是瓦斯预报最直观、最准确的方法,也是迄今为止最有效的方法,因而必须强化钻探手段。

5.6 人工检测及自动监测的专项方案要在开工前制定完成,自动监测需在各个工区设立单独的值班点并派专人值守。瓦斯隧道通风、检测是控制瓦斯风险的关键措施。

5.12 成都洛带古镇公路隧道 2015 年“2.24”瓦斯爆炸事故的深刻教训表明,必须加强瓦斯隧道暂停施工期间的安全管理。

6 瓦斯工区等级评定

6.1 在勘察设计阶段瓦斯工区等级划分的基础上,施工阶段应根据实际揭示的瓦斯和地质情况,分段分煤层(群)对瓦斯工区等级进行评定和修正,尤其是对于煤层突出危险性的判定,应在开挖工作面进行现场预测和检验。

6.2　瓦斯隧道、瓦斯工区、瓦斯地层为公路瓦斯隧道的三个基本概念，这三个基本概念的范围大小排序：瓦斯隧道 > 瓦斯工区 > 瓦斯地层。

6.3　根据计算，微瓦斯工区控制最低风速不小于 0.15m/s 的情况下，隧道内最高瓦斯浓度控制在 0.25% 以内，绝对瓦斯涌出量为 1.05（两车道）~1.18125（三车道）m^3/min，安全系数取不小于 2 的情况下，绝对瓦斯涌出量 0.525 ~0.59m^3/min，建议微瓦斯工区分界上界指标值确定为 0.5m^3/min；低瓦斯工区控制最低风速不小于 0.25m/s 的情况下，隧道内最高瓦斯浓度控制在 0.5% 以内，绝对瓦斯涌出量为 3.5（两车道）~3.9375（三车道）m^3/min，安全系数取不小于 2 的情况下，绝对瓦斯涌出量 1.75 ~ 1.97m^3/min，低瓦斯工区分界上界指标值可确定为 1.75m^3/min，偏安全考虑可取 1.5m^3/min。

6.4　一座隧道洞口至开挖掌子面作为一个施工工区，在一个施工工区内可能一次或多次穿越瓦斯地层，因此瓦斯工区与非瓦斯工区是一个动态变化的过程。考虑到瓦斯运移和二次衬砌封闭时间等，本规范规定首次穿越瓦斯地层至最后一次穿越瓦斯地层结束后的全施工区段为瓦斯工区，鉴于施工中可能出现相邻瓦斯地层间隔距离大，实际施工中可进一步分析论证间隔距离大的两瓦斯地层间施工区段是否按非瓦斯工区进行施工。

6.5　参照《煤矿安全规程》（2016 年版）第一百八十九条规定。

6.6　由于煤（岩）与瓦斯突出是一种复杂的动力现象，且发生煤（岩）与瓦斯突出的公路隧道案例很少，使得公路瓦斯隧道预测敏感指标及临界值的确定有较大的难度。因此本规范参照《防治煤与瓦斯突出规定》（2009 年版）第十三条规定进行鉴定。

6.7　《防治煤与瓦斯突出规定》（2009 年版）：进行突出煤层鉴定时，应首先根据煤层实际发生的瓦斯动力现象进行鉴定。瓦斯隧道施工中应加强瓦斯动力现象的预测、预报工作。

7　施工通风

7.1　一般规定

7.1.1　通风和瓦斯监测是保障瓦斯隧道施工安全的基本要求，因此瓦斯隧道应建立施工通风的监控和组织管理制度。

7.1.2　参照《煤矿安全规程》（2016 年版）第一百八十条规定并结合公路隧道的特点制定。

7.2　通风系统

7.2.2　由于高瓦斯工区和煤（岩）与瓦斯突出工区的瓦斯逸出量较大，对通风的要求高，如果隧道通风长度大于 1500m，则采用压入式通风方案难以保证通风效果，对风机和风管的性能要求高，因此建议采用巷道式通风方案。考虑到高速公路隧道通常按双洞分离式隧道布设，低等级公路特长隧道通常布设有逃生救援通道，因此采用巷道式通风方案对工程费用的影响有限。

7.2.3　本条规定主要是因为将一个工作面含有瓦斯的气体引排至其他工作面，会扩大瓦斯分布范围，增加安全隐患。《煤矿安全规程》（2016 年版）第一百五十条也有类似规定：采、掘工作面应当实行独立通风，严禁 2 个采煤工作面之间串联通风。同一采区内 1 个采煤工作面与其相连接的 1 个掘进工作面、相邻的 2 个掘进工作面，布置独立通风有困难时，在制定措施后，可采用串联通风，但串联通风的次数不得超过 1 次。采区内为构成新区段通风系统的掘进巷道或者采煤工作面遇地质构造而重新掘进的巷道，布置独立通风有困难时，其回风可以串入采煤工作面，但必须制定安全措施，且串联通风的次数不得超过 1 次；构成独立通风系统后，必须立即改为独立通风。对于本条规定的串联通风，必须在进入被串联工作面的巷道中装设甲烷传感器，且甲烷和二氧化碳浓度都不得超过 0.5%……开采有瓦斯喷出、有突出危险的煤层或者在距离突出煤层垂距小于 10m 的区域掘进施工时，严禁任何 2 个工作面之间串联通风。

7.2.4　瓦斯隧道需要的风量，必须按照爆破排烟、同时工作的最多人数以及瓦斯绝对涌出量分别计算，并按允许风速进行检验，采用其中的最大值。

高海拔地区瓦斯隧道总需风量应根据大气压力进行修正，可按下式计算。

$$Q_{高}=\frac{760Q}{p_{高}}\quad (m^3/min)$$

式中：

$Q_{高}$——高海拔地区需风量(m^3/min)；

Q——正常条件下计算的需风量(m^3/min)；

$p_{高}$——高海拔地区大气压力(mmHg)，由于高海拔地区的大气压力降低，应对总需风量进行修正，高海拔地区大气压力 $p_{高}$ 值可参考附表1采用。

附表1　海拔高度与大气压力关系表

海拔高度(m)	500	1000	1600	2000	2600	3000	3200	3400	3600	4000	4400	5000
大气压力(mmHg)	716	674	620	592	550	523	510	497	484	459	436	403

7.2.7　本条主要参照《煤矿安全规程》(2016年版)第一百三十六条规定，并综合考虑瓦斯工区类别的判定指标依据、公路瓦斯隧道特点而规定的最低要求。

7.2.8　隧道施工过程中在二次衬砌浇筑工作面、拱部塌方区域等位置容易形成瓦斯积聚，现场通常采用局部通风机、气动风机、空气引射器等设备进行局部通风、吹散，避免瓦斯形成停留区域。

7.2.11　现场有瓦斯自动监控报警系统时，应查看自动监控报警系统的瓦斯浓度指标，确认瓦斯浓度满足规定要求时，瓦检员、放炮员和安全员才能进洞巡视爆破地点。

7.3　通风设备

7.3.1　a)　根据渝广高速华蓥山隧道数值模拟和现场试验，当风机置于2倍洞径处偶有污风回流，当风机置于3倍洞径处无污风回流，宜置于3倍洞径处。

"三专"供电中的"三专"指专用开关、专用电缆、专用变压器，"两闭锁"指风电闭锁和甲烷电闭锁。本规定是参照《煤矿安全规程》(2016年版)第一百五十八条、第一百六十四条的规定，并结合公路隧道的特点而制定。对于场地受限的风机距回风排污口的距离可适当减小，但应确保安全。

8　超前地质预报

8.1　一般规定

8.1.1　根据现场调研，落实瓦斯隧道施工遵循"物探先行、钻探跟进"的先探后掘原则。

8.1.2　超前钻探包括加深炮孔和超前水平钻孔，加深炮孔在开挖钻孔每循环进行，钻孔深度应大于每循环进尺3m，而超前水平钻孔深度一般在50m以上。

8.1.3　地质调查指施工前隧道地质勘察资料的复查，施工中的地质记录和对比分析。穿越含瓦斯地层时需要在隧道内进一步采取超前预测预报工作，对揭露的瓦斯地层取样复测瓦斯含量和其他有关参数，核对瓦斯地层类别和煤层参数。

8.1.4　超前地质预报、信息化设计和信息化施工是一有机整体，涉及建设、勘察设计、施工、监理等单位，参建各方应明确分工、落实责任、协调一致、相互配合，确保做到信息传递顺畅、反馈及时、决策迅速、处理得当。

8.1.5　超前地质预报对于复杂瓦斯隧道施工具有重要的指导作用，超前地质预报需准确可靠，实施超前地质预报的单位必须具备相应的工作能力及能满足预报和工期要求的相应仪器设备。

8.1.6　针对不同地段的地质情况和预报目的，进行必要的技术经济比选，选择针对性、适用性强的方法和设备，采用一种或几种方法的合理组合，以求达到预报准确、费用低、占用时间短的目的。

8.1.7 施工阶段隧道超前地质预报不能代替勘察阶段的地质勘察工作及施工阶段的补充地质勘察工作,不得因进行施工阶段瓦斯隧道超前地质预报工作而忽视勘察阶段的地质勘察工作及施工阶段的补充地质勘察工作。

8.1.8 本条规定是为了防止超前钻孔瓦斯异常涌出引发灾害而制定,在超前地质预报实施过程中,应停止其他施工工序。

8.2 地质素描和物探

8.2.1 根据《公路隧道施工技术规范》(JTG F60),并结合瓦斯等级做此规定。

8.3 超前钻探和试验检测

8.3.2 根据前期设计与施工经验总结做此规定。

8.3.3 参照《煤矿安全规程》(2016 年版)第二百一十四条规定。

8.3.4 根据现场调研,结合前期经验总结做此规定。

8.3.5 参照《煤矿安全规程》(2016 年版)第一百八十九条规定。

8.3.6 根据现场调研,结合公路隧道钻爆施工特点做此规定。

8.3.7 为保证瓦斯隧道施工安全,将工作面瓦斯浓度控制在 0.5% 以下。

9 电气设备与作业机械

9.1 一般规定

9.1.1 国内有很多隧道洞身煤系地层分布段落较少,个别隧道煤系地层只分布在洞口段。对于这些隧道,只要一个工区已施工完本工区的所有瓦斯地层,经对洞内瓦斯逸出进行检测评定,确认不存在瓦斯时,后续段落的电气设备和作业机械可按照非瓦斯工区施工,但需按照瓦斯隧道的要求加强瓦斯监测。

9.2 电气设备

9.2.1 主要参照《煤矿安全规程》(2016 年版)第四百四十三条规定而制定,由于本技术规范中关于瓦斯类别的确定标准与煤矿瓦斯类比有较大差异,因此降低了低瓦斯隧道电气设备的防爆等级。考虑低瓦斯隧道在施工过程中瓦斯类比存在调整的可能,本着提高安全和便于今后瓦斯工区类别变化时换装,因此对固定安装的电缆要求采取防爆措施。

9.2.2 本条引自《煤矿安全规程》(2016 年版)第四百四十五条规定。

9.2.3 a) 本条规定主要参考《煤矿安全规程》(2016 年版)第四百三十六条规定。矿井应当有两回路电源线路(即来自两个不同变电站或者来自不同电源进线的同一变电站的两段母线)。当任一回路发生故障停止供电时,另一回路应当担负矿井全部用电负荷。区域内不具备两回路供电条件的矿井采用单回路供电时,应当报安全生产许可证的发放部门审查。采用单回路供电时,必须有备用电源。备用电源的容量必须满足通风、排水、提升等要求,并保证主要通风机在 10min 内可靠启动和运行。备用电源应当由专人负责管理和维护,每 10d 至少进行一次启动和运行试验,试验期间不得影响矿井通风等,试验记录要存档备查。矿井的两回路电源线路上都不得分接任何负荷。正常情况下,矿井电源应当采用分列运行方式。若一回路运行,则另一回路必须带电备用。带电备用电源的变压器可以热备用;若冷备用,则备用电源必须能及时投入,保证主要通风机在 10min 内可靠启动和运行。10kV 及以下的矿井架空电源线路不得共杆架设。矿井电源线路上严禁装设负荷定量器等各种限电断电装置。

b) 引自《煤矿安全规程》(2016 年版)第四百四十条规定。

c) 引自《煤矿安全规程》(2016 年版)第四百五十条规定。

d) 主要参照《煤矿安全规程》(2016 年版)第四百三十七条、第四百五十三条规定。

e） 引自《煤矿安全规程》(2016年版)第四百五十四条规定。

f） 主要参照《煤矿安全规程》(2016年版)第一百六十四条规定。

9.2.5～9.2.7 引自《煤矿安全规程》(2016年版)第四百六十三条规定。

9.2.8 主要参照《煤矿安全规程》(2016年版)第四百六十四条、第四百六十五条规定。

9.2.9 主要引自《煤矿安全规程》(2016年版)第四百六十八条规定。

9.2.12 主要参照《煤矿安全规程》(2016年版)第四百五十三条、第四百七十五条、第四百七十六条、第四百七十七条、第四百七十八条、第四百七十九条规定。

9.2.14 表4引自《煤矿安全规程》(2016年版)第四百八十三条表17。

10 瓦斯检测与监控

10.1 瓦斯检测

10.1.2 本条规定主要结合不同瓦斯工区类别的要求和国内铁路和公路瓦斯隧道施工调研成果而制定。

11 钻爆作业与支护

11.1 一般规定

11.1.3 “一炮三检”和“三人连锁放炮”是瓦斯灾害防治的通行和有效做法，是通过惨痛的教训总结出来的。实际上，很多瓦斯灾害都是因为没有执行“一炮三检”制才发生的。

“一炮三检”是指开挖工作面装药前、爆破前和爆破后，瓦检员必须在爆破员和安全员在场的情况下检查放炮地点附近20m以内风流中的瓦斯浓度，其值必须小于1%。

“三人连锁放炮”是指爆破员、安全员、瓦检员三人必须自始至终同时参加爆破工作的全过程，并遵守下列规定：

a） 爆破前，爆破员应检查爆破连线，确认无误后将警戒牌交给安全员。

b） 安全员接到警戒牌，应检查顶板、支护、风量、阻风面积等，确认符合爆破要求条件后，负责设置警戒，组织撤出人员、清点人数，确认无误后，将瓦检牌交给瓦检员。

c） 瓦检员接到瓦检牌，应检查瓦斯、煤尘浓度，确认符合爆破要求条件后，将爆破牌交给爆破员。

d） 爆破员应在收到爆破牌后实施爆破。没有收到爆破牌，爆破员不得实施爆破。

11.1.4 煤尘爆炸的条件之一是有一定浓度的浮游煤尘。井下空气中只有悬浮的煤尘达到一定浓度时，才可能引起爆炸，单位体积中能够发生煤尘爆炸的最低煤尘量或最高煤尘量称为下限浓度和上限浓度。低于下限浓度或高于上限浓度的煤尘都不会发生爆炸。煤尘爆炸的浓度范围与煤的成分、粒度、引火源的种类和温度等有关。一般说来，煤尘爆炸的下限浓度为30～50g/m^3，上限浓度为1000～2000g/m^3。其中爆炸力最强的浓度范围为300～500g/m^3。一般情况下，浮游煤尘达到爆炸下限浓度的情况是不常有的，但是爆破、爆炸和其他震动冲击都能使大量落尘飞扬，在短时间内使浮尘量增加，达到爆炸浓度。因此，确定煤尘爆炸浓度时，必须考虑落尘这一因素。

煤尘的引燃温度变化范围较大，它随着煤尘性质、浓度及试验条件的不同而变化。我国煤尘爆炸的引燃温度在610～1050℃之间，一般为700～800℃。煤尘爆炸的最小点火能为4.5～40MJ。这样的温度条件，几乎一切火源均可达到，如爆破火焰、电气火花、机械摩擦火花、瓦斯燃烧或爆炸、井下火灾等。根据20世纪80年代的统计资料，由于放炮和机电火花引起的煤尘爆炸事故分别占总数的45%和35%。

煤尘爆炸还必须具备一定浓度的氧气，要求氧气的浓度不低于18%(体积百分比)。由于矿井中的氧气浓度一般大于18%，所以在防止煤尘爆炸时一般不会考虑这一条件。

浮游煤尘是煤尘爆炸的直接因素,而沉积煤尘是造成煤尘爆炸的最大隐患。

为确保爆破安全,杜绝因爆破作业而引发的煤尘爆炸事故,应制定综合防尘措施、预防和隔绝煤尘爆炸措施及管理制度,并组织实施。

11.1.8 现代隧道施工技术认为,初期支护是复合式衬砌的主要承载单元,其施作的及时性和质量对于保证隧道结构安全至关重要;而围岩监控量测,是掌控围岩及初期支护结构稳定动态的核心技术措施,两者皆应引起高度重视。董家山隧道因塌方诱发瓦斯异常涌出,在其他不利因素的作用下导致瓦斯爆炸。鉴于瓦斯隧道初期支护不仅可用于控制围岩变形,而且还具备维护围岩封闭圈、抑制瓦斯隧道施工环境劣化的功能,因而施工中应及时施作,并保证施工质量。

11.1.9 贯通点设置于瓦斯地层外和贯通前 50m,采用单向掘进方式组织施工,便于施工组织、施工通风,可一定程度降低贯通段施工风险。

11.1.10 由于防水板背后容易形成瓦斯积聚,造成安全隐患,所以提出防水板铺设时机的要求。考虑到二次衬砌的封闭能有效减少地层瓦斯逸出,同时煤系地层地质条件普遍较差,二次衬砌及时施作也有利于控制隧道坍塌变形,所以提出二次衬砌与掌子面的距离要求。

11.2 钻爆作业

11.2.1 e)、f)、g) 爆炸冲击波首先冲破抵抗线最小的自由面,最小抵抗线越小,炸药与自由面之间所夹的介质越薄,爆破剩余能量越大,爆生气体、雷管碎屑甚至火焰喷至自由面以外,创造爆燃条件,引起瓦斯、煤尘燃烧、爆炸。1953—1962 年,煤矿爆破引起瓦斯煤尘爆炸事故中,有 12 起抵抗线不符合规定,占总数的 23%。所以,必须认真执行本条中对最小抵抗线的规定。本条关于炮眼深度的规定也是同样的道理。

h) 裸露爆破就是把炸药放在被爆破的煤、岩块的表面上,用黄泥等把炸药盖上进行爆破,俗称放糊炮。由于裸露爆破是在煤和岩石表面上爆炸,爆炸火焰直接与井下空气相接触,最容易引起瓦斯、煤尘燃烧或爆炸。由于裸露爆破的爆破方向和爆破能量难以控制,往往带来其他不安全因素。例如,裸露爆破容易崩坏机电设备、造成生产事故。裸露爆破还会在空气中引起强烈震动,容易把隧道周边的石块崩松或崩落,使围岩裂隙扩大;容易把煤尘震起,到处飞扬,既不利于工人健康,也易引发煤尘爆炸事故。

11.2.2 微瓦斯工区瓦斯绝对涌出量较低,使用常规爆破器材可以节约施工成本、加快施工进度。但是,一旦发生瓦斯积聚并伴随高温,同样会燃烧或爆炸,高瓦斯工区采用通风、瓦检、设备防爆等多种防范措施,有较高的安全冗余,而微瓦斯工区使用普通爆破器材降低了安全储备。所以必须加强通风和瓦斯监测,并通过执行“一炮三检”和“三人连锁爆破”制等措施,保证爆破作业不存在引燃引爆瓦斯的条件,从而保证爆破作业安全。

11.2.3 a) 硝化甘油类炸药,主要用于多水的工作面和特硬岩石及小直径炮眼等。冻结或半冻结的硝化甘油类炸药,机械感度高,生产和使用的安全性差,在有瓦斯或煤尘爆炸危险的矿井中禁止使用。

不同品种的炸药,有不同的性能和安全等级,有不同的应用范围和使用条件,所以规定在同一工作面不得使用两种不同品种的炸药。

试验结果表明,在高瓦斯区域,使用低于三级的煤矿许用炸药不能够保证爆破作业的安全。在煤(岩)与瓦斯突出危险的工作面,必须使用不低于三级的煤矿许用含水炸药。

b) 不同厂家生产的或不同品种的电雷管,由于其电引火装置的材质与形式不同,其电引火特性(对电的敏感程度)亦各异,若将这样两种雷管掺混使用,则电感度高的雷管先爆炸,随即切断串联网路,使电感度低的雷管不能获得足够的电能而瞎火。所以,不同厂家生产的或不同品种的电雷管,不得掺混使用。

瞬发电雷管与毫秒延期电雷管以及秒延期电雷管的引火装置结构不同。瞬发电雷管的引火装置结构为插入式,没有加强帽。毫秒延期电雷管和秒延期电雷管的引火装置均为药头式,均有加强帽,起爆力较大,其电阻值也不相同,电引火特性也不相同,故不能与瞬发电雷管互相掺混使用,也不能将瞬发电雷管代替毫秒延期电雷管和秒延期电雷管使用。

必须使用煤矿许用瞬发电雷管、煤矿许用毫秒延期电雷管、煤矿许用数码电雷管,这是因为煤矿许用瞬发电雷管的传爆药中加入了1% ~6%的消焰降温剂,可以消焰并降低其爆热。煤矿许用毫秒延期电雷管采用铜壳并增加外壳的厚度,延期药装入能密封燃烧的铅管中,其总延期时间在130ms以内,煤矿许用瞬发电雷管通电后130ms内就起爆,未等瓦斯浓度达到爆炸下限就已起爆完毕,其瓦斯安全性能好,不会引爆瓦斯。

经过测定,爆破后从新的自由面和崩落块中涌出的瓦斯浓度,160ms时为0.3% ~0.5%,360ms时为0.35% ~1.6%,而130ms只有360ms的1/3多一点,在130ms内,瓦斯浓度远没有达到爆炸限度,各段毫秒延期电雷管已经爆炸完毕,不会引起瓦斯爆炸。考虑一定的安全系数,规定"一次起爆总时间差不得超过130ms"。

11.2.4 b) 爆破地点附近,有各类施工机具、设备、碎石、煤渣、材料等堆放时,既妨碍爆破操作,又增加阻力,炮烟不能很快被吹散,若工作面发生事故,将影响工作面作业人员的安全撤离。因此,作出了本款规定。

c) 当采掘工作面风量不足时,既不能保证作业人员的正常呼吸,又不能排出和稀释各种有害气体与矿尘,在这种情况下,严禁装药、爆破。

d) 若炮眼内有水流出、煤壁发潮、挂水珠、工作面发冷等异状,则可能是透水的征兆。炮眼内温度忽高忽低或向外冒热气、流热水等,前方可能是火区。响煤炮、地压突然增大、炮眼内瓦斯忽大忽小等,则是煤(岩)与瓦斯突出的预兆。穿透既有巷道和空腔,连通的巷道和空腔可能会存在瓦斯积聚。当遇到上述情况时,风险很高,均严禁装药、爆破。

11.2.5 a) 装药前,炮眼内存有煤岩粉,容易发生拒爆、爆燃或事故,发生瓦斯、煤尘爆炸事故。

1) 炮眼内有煤岩粉,使装入炮眼内的药卷不能紧贴在一起,或者药卷装不到底。在药卷之间、药卷和眼底之间,存有一段煤岩粉,影响炸药能量的传递,以致产生残爆、拒爆,或爆燃或留下残眼,影响爆破效果。

2) 煤粉是可燃物,极易被爆炸火焰燃烧,喷出孔外,有点燃瓦斯、煤尘的危险。

3) 若煤粉参与炸药的爆炸反应,就会改变原有爆炸的氧平衡,成为负氧平衡,使爆生气体的一氧化碳量增高,影响人身健康。

4) 炮眼中存在煤岩粉时,则会导致药卷间不能紧密接触,使引药与炸药的聚能穴不能保持一个方向,降低爆速和传爆能力,有可能产生爆燃和拒爆。

c) 起爆方式按炮眼的装药结构分为正向起爆和反向起爆两种,对应的装药方式如附图1所示。正向起爆的起爆药包位于柱状装药的外端,靠近炮眼口,雷管底部朝向炮眼底的起爆方法;反向起爆是起爆药包位于柱状装药的里端,靠近或在炮眼底,雷管底部朝向炮眼口的起爆方法。

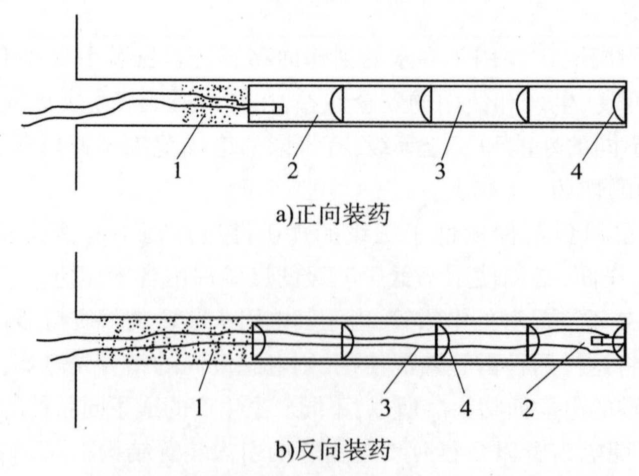

1-炮泥; 2-起爆药卷; 3-被动药卷; 4-聚能穴

附图1 装药方式

由于反向起爆时,炸药的爆轰波和固体颗粒的传递与飞散方向是向着眼口的,当这些微粒飞过预先被气态爆炸产物所加热的瓦斯时,就很容易引爆瓦斯。

e) 我国目前生产的瞬发电雷管,其结构是借助一段硫黄柱作封口塞,将引火元件(由脚线、桥丝、纸垫组成)和装了药的管体连接起来。延期电雷管,大多数是用塑料塞连接,有的还外加铁箍卡口,也有硫黄柱的。

抓住雷管管体硬拽脚线,或是手拉脚线硬拽管体,都容易造成雷管封口塞松动,两根脚线错动,致使桥丝崩断或脱落,雷管拒爆。瞬发电雷管的桥丝是插入雷管起爆药柱内的,而延期电雷管的桥丝周围有一个引火药头,它们都是摩擦感度很高的炸药,一旦拉动引火元件,则极其容易造成这些敏感药剂与管壁的强烈摩擦而着火,导致雷管爆炸。

g) 电雷管从炸药底部(窝心、聚能穴)一端装入,会使雷管的聚能穴方向与药卷的聚能穴方向相反,失去聚能作用,影响殉爆效果,使雷管和起爆药卷的爆炸能量不能全部向被动药卷传递,导致下一个药卷拒爆或爆燃。

雷管露半截、斜插在药卷的中部或捆在药卷上,这些不正确的装配方法不仅不利于正常引爆药卷,还会降低炸药的爆速和传爆能力,甚至产生爆燃和拒爆。

11.2.6 a) 水炮泥是用塑料薄膜圆筒充水的一种炮眼充填材料,有下列优点:a. 炸药爆炸后,水炮泥的水由于爆炸气体的冲击作用形成一层水幕,起到了降低温度、缩短爆炸火焰延续时间的作用,从而降低引爆瓦斯煤尘的可能性,有利于安全生产。b. 水炮泥爆裂后形成的水幕,有灭尘和吸收炮烟中有毒气体的作用,有利于改善工人的劳动条件。据试验测定:用水炮泥煤尘浓度可降低近 50%,二氧化碳含量可减少 35%,二氧化氮含量可减少 45%。水炮泥是一种安全、可靠的炮眼充填材料。只装水炮泥而不装黏土炮泥,是因为水炮泥的直径小于炮眼直径。但它不能完全起到黏土炮泥的作用,所以水炮泥外剩余的炮眼部分应用黏土炮泥或不燃可塑松散材料制成的炮泥封实。

黏土炮泥的作用,是将炸药爆炸产物(高温高压气体、火焰、管屑、未分解的药粉等)在短时间内密闭和阻挡在炮眼内,使爆生气体足以完成爆炸破碎、抛掷岩石(煤)的功能。当炸药在无封泥、封泥不足或不实的炮眼内爆炸时,爆生气体从眼口逸出,不但炸药的静压膨胀作用得不到充分利用,爆破效果不好,而且爆炸火焰及雷管碎屑从眼口喷出,直接与井下瓦斯煤尘接触,最容易引起瓦斯、煤尘爆炸,所以,无封泥、封泥不足或不实的炮眼,严禁爆破。此外,加工炮泥时不能混入石子,否则爆破时会出现飞石伤人毁物的事故。

11.2.7 g) 由于分次爆破间隔时间短,爆破后涌出的瓦斯不能及时被风流冲淡稀释,连续爆破造成瓦斯递增,形成瓦斯积聚,易于发生瓦斯灾害。

11.2.8 规定在爆破前对爆破地点前后 20m 范围内进行洒水降尘,一是为了降低空气中的煤尘浓度;二是为了增加煤尘含水量,惰化煤尘活性,提高煤尘的引爆温度。从工业卫生的角度考虑,由于爆破时产生爆破冲击波,造成爆点附近的空气震颤,若附近的煤尘含水量偏低,则会出现爆破扬尘,使爆破地点及其下风流中的粉尘浓度增大,会加大对作业人员健康的危害,导致尘肺病。所以必须在爆破前洒水,以起到防尘的作用,保证作业人员不受粉尘危害。

11.3 支护与衬砌

11.3.1 加强超前支护或预注浆加固质量卡控,可有效防止坍塌,避免因坍塌引起大量的瓦斯溢出或突出;同时鉴于超前支护或预加固也是施工中的薄弱环节,故本条予以强调。

11.3.2 规定此条的目的是,提升网片施工质量,降低动火作业频率。

11.3.3 规定此条的目的是,提升钢架成环质量,降低动火作业频率。

11.3.4 隧道施工中防水卷材搭接是最常见的施工工序,瓦斯隧道中由于瓦斯易积聚在防水卷材背后,采用热焊时易引起防水卷材燃烧,带来安全隐患。据有关隔离板总结表明,采用 10cm 的搭接宽度难以保证质量,宜调整为 15cm。

11.3.6　结合相关瓦斯隧道技术规范、铁路混凝土结构耐久性设计规范及相关现场试验资料，并根据董家山隧道、成兰铁路及成贵铁路瓦斯隧道的现场试验资料，模筑混凝土要满足透气系数不大于 1×10^{-11} cm/s 的要求，强度等级 C45 以下混凝土均需要掺气密剂，对气密性混凝土施工工艺提出经验要求，供参考。

12　揭煤防突

12.1　一般规定

12.1.2　参照《防治煤与瓦斯突出规定》(2009 年版)第五条规定，“四位一体”综合防突措施包括区域综合防突措施和局部综合防突措施。

区域综合防突措施包括下列内容：

(一)区域突出危险性预测；

(二)区域防突措施；

(三)区域措施效果检验；

(四)区域验证。

局部综合防突措施包括下列内容：

(一)工作面突出危险性预测；

(二)工作面防突措施；

(三)工作面措施效果检验；

(四)安全防护措施。

12.1.6　公路隧道左右线横向间距一般较小，且存在对向施工，为避免相互影响，防止塌方及诱导煤(岩)与瓦斯突出，在瓦斯突出工区掘进时应控制施工安全距离。

12.2　超前探测

12.2.3　根据《煤矿安全规程》(2016 年版)第二百一十四条(一)规定：在工作面距煤层法向距离 10m(地质构造复杂、岩石破碎的区域 20m)之外，至少施工 2 个前探钻孔，掌握煤层赋存条件、地质构造、瓦斯情况等。

鉴于公路隧道开挖断面远大于煤矿巷道，在过煤系地层段开挖稳定性差，误揭煤层容易发生煤(岩)与瓦斯突出，为了掌握煤层赋存条件，建议前探钻孔不少于 3 个。

12.3　突出危险性预测

12.3.3　根据《煤矿安全规程》(2016 年版)第一百九十七条规定：有突出危险煤层的新建矿井或者突出矿井，开拓新水平的井巷第一次揭穿(开)厚度为 0.3m 及以上煤层时，必须超前探测煤层厚度及地质构造、测定煤层瓦斯压力及瓦斯含量等与突出危险性相关的参数。

隧道掘进过程中，为了判识煤层突出危险性，应聘请有资质单位进行煤(岩)与瓦斯突出危险性预测。

12.4　防治煤(岩)与瓦斯突出措施

12.4.3　根据矿井抽放和排放效果分析，钻孔抽放较钻孔排放能大大缩短消突工期及减少钻孔工程量，目前矿井多采用抽放式；隧道施工一般为独头掘进，工期紧，若采用钻孔排放，煤层瓦斯通过钻孔直接排放在隧道内，影响其他工序施工且对洞内机电设备要求高，同时周期长，建议防治煤(岩)与瓦斯突出措施优先采用钻孔抽放。

12.4.4　根据《防治煤与瓦斯突出规定》(2009 年版)第四十九条规定：穿层钻孔预抽石门(含立、斜井等)揭煤区域煤层瓦斯区域防突措施应当在揭煤工作面距煤层的最小法向距离7m以前实施(在构造破坏带应适当加大距离)。钻孔的最小控制范围是:石门和立井、斜井揭煤处巷道轮廓线外12m(急倾斜煤层底部或下帮6m),同时还应当保证控制范围的外边缘到巷道轮廓线(包括预计前方揭煤段巷道的轮廓线)的最小距离不小于5m,且当钻孔不能一次穿透煤层全厚时,应当保持煤孔最小超前距15m。

12.6 揭煤与掘进

12.6.7 从防突角度,结合成贵铁路、渝广高速瓦斯隧道防突经验提出。

13 施工安全及应急救援

13.1 一般规定

13.1.4 参照《煤矿安全规程》(2016年版)第九条规定:特种作业人员必须按国家有关规定培训合格,取得资格证书,方可上岗作业。

13.1.5 一通三防:通风、防尘、防瓦斯、防火。参照《煤矿安全规程》(2016年版)第五条规定并结合公路瓦斯隧道特点制定:煤矿企业必须设置专门机构负责煤矿安全生产与职业病危害防治管理工作,配备满足工作需要的人员及装备。

13.1.6 参照《煤矿安全规程》(2016年版)第十七条规定并结合公路瓦斯隧道特点制定:煤矿必须建立矿井安全避险系统,对井下人员进行安全避险和应急救援培训,每年至少组织1次应急演练。

13.1.7 鉴于隧道洞内设置水气分离装置,施工工艺复杂,要求高,且需预埋排气管道,故不推荐该方案。从检测已运营瓦斯隧道来看,四川广邻高速华蓥山隧道运营期瓦斯浓度在安全范围内,未见瓦斯积聚等现象,但重庆渝广华蓥山隧道水气分离装置和瓦斯排放管内均有正压高浓度瓦斯,建议在煤与瓦斯突出隧道中实施该方案。

13.4 塌方处理

13.4.2 参照《煤矿安全规程》(2016年版)第一百零三条、第七百一十七条规定。尽快处理塌方、冒顶,减少瓦斯涌出。

13.5 采空区处理

13.5.2 参照《煤矿安全规程》(2016年版)第九十三条规定。

13.5.3 《煤矿井巷工程质量验收规范》(GB 50213)第8.4.6条规定,混凝土支护的表面质量应符合以下规定:无明显裂缝、$1m^2$范围内蜂窝、孔洞等不超过2处。

13.7 防治煤层自燃和煤尘爆炸

13.7.3 参照《煤矿安全规程》(2016年版)第二百六十二条规定并结合公路隧道特点制定。

13.8 消防安全

13.8.1 参照《煤矿安全规程》(2016年版)第二百四十九条规定。

13.8.2 参照《煤矿安全规程》(2016年版)第二百五十四条规定。

13.9 施工人员管理

13.9.1 参照《煤矿安全规程》(2016年版)第十三条规定。

13.11 事故应急救援与预案

13.11.2 主要参照《煤矿安全规程》(2016 年版)第一百六十一条、第一百六十五条和第一百七十六规定。

第一百六十一条:矿井必须制定主要通风机停止运转的应急预案。因检修、停电或者其他原因停止主要通风机运转时,必须制定停风措施。变电所或者电厂在停电前,必须将预计停电时间通知矿调度室。主要通风机停止运转时,必须立即停止工作、切断电源,工作人员先撤到进风巷道中,由值班矿领导组织全矿井工作人员全部撤出。主要通风机停止运转期间,必须打开井口防爆门和有关风门,利用自然风压通风;对由多台主要通风机联合通风的矿井,必须正确控制风流,防止风流紊乱。

第一百六十五条:使用局部通风机通风的掘进工作面,不得停风;因检修、停电、故障等原因停风时,必须将人员全部撤至全风压进风流处,切断电源,设置栅栏、警示标志,禁止人员入内。

第一百七十六条:局部通风机因故停止运转,在恢复通风前,必须首先检查瓦斯,只有停风区中最高甲烷浓度不超过 1.0% 和最高二氧化碳浓度不超过 1.5%,且局部通风机及其开关附近 10m 以内风流中的甲烷浓度都不超过 0.5% 时,方可人工开启局部通风机,恢复正常通风。停风区中甲烷浓度超过 1.0% 或者二氧化碳浓度超过 1.5%,最高甲烷浓度和二氧化碳浓度不超过 3.0% 时,必须采取安全措施,控制风流排放瓦斯。停风区中甲烷浓度或者二氧化碳浓度超过 3.0% 时,必须制定安全排放瓦斯措施,报矿总工程师批准。在排放瓦斯过程中,排出的瓦斯与全风压风流混合处的甲烷和二氧化碳浓度均不得超过 1.5%,且混合风流经过的所有巷道内必须停电撤人,其他地点的停电撤人范围应当在措施中明确规定。只有恢复通风的巷道风流中甲烷浓度不超过 1.0% 和二氧化碳浓度不超过 1.5% 时,方可人工恢复局部通风机供风巷道内电气设备的供电和采区回风系统内的供电。

13.11.3 主要参照《煤矿安全规程》(2016 年版)第一百二十七条规定。国内发生过因恢复瓦斯隧道施工时管理不严,在未检测瓦斯浓度和采取通风措施排出积聚瓦斯的情况下,盲目进洞且操作不当而引发瓦斯爆炸,造成重大的人员伤亡事故,因此应充分重视封闭停工的瓦斯隧道恢复施工的管理。

13.11.4 主要参照《煤矿安全规程》(2016 年版)第六百七十六条规定。

13.11.7 主要参照《煤矿安全规程》(2016 年版)第六百八十条、第七百零五条规定。

13.11.8 主要参照《煤矿安全规程》(2016 年版)第二百七十五条规定。